Şüpheleri Yok Eden Tevhid Gerçeği

Muhammad ibn Saleh al-Othaimeen

ÖNSÖZ

Hamd, Allah'a mahsustur. O'na hamdeder, O'ndan yardım ve mağfiret dileriz. Nefislerimizin şerlerinden, amellerimizin kötülüklerinden Allah'a sığınırız. Allah'ın hidayete ilettiğini kimse saptıramaz. Saptırdığını da kimse hidayete iletemez. Şehadet ederim ki Allah'tan başka hiçbir ilah yoktur. O bir ve tektir, O'nun ortağı yoktur. Yine şehadet ederim ki Muhammed Allah'ın kulu ve rasûludür. Allah'ın salat ve selamı ona, aile halkına, ashabına ve güzel bir şekilde onlara tabi olanlara olsun. Hepsine pek çok salat ve selam olsun.

Elinizdeki bu eser, Şeyhu'l-İslam Muhammed b. Süleyman'ın "Keşfu'ş-Şubuhât" adlı eserine bir açıklamadır. Müellif burada sözkonusu ettiği müşriklerin on küsur şüphesine anlamı kolay, ibaresi açık ve ayrıca, delillerle desteklenmiş olarak en güzel bir şekilde cevaplar vermektedir. Yüce Allah'tan bundan dolayı kendisini mükafatlandırmasını ve bununla kullarının faydalanmasını sağlamasını niyaz ederiz. Şüphesiz ki O, herşeye gücü yetendir.

Besmele'nin Şerhi

Bismillahirrahmanirrahiym
Rahman ve Rahim Allah'ın Adıyla[1]
Müellif *Allah ona rahmet etsin* besmele ile başlayan yüce Allah'ın kitabına uyarak ve Rasûlullah *sallallahü aleyhi vesellem*'ın izinden giderek eserine besmele ile başlamıştır. Çünkü Peygamber Efendimiz de gönderdiği mektub ve mesajlarının başına besmeleyi yazardı.
Burada *"besmele"*nin: Rahman ve Rahim Allah'ın adı ile yazmaya başlarım, takdirinde olması uygundur. Şu iki sebebten dolayı da takdir edilen bu fiilin sonradan zikredilmesi uygundur:
1- Yüce Allah'ın adı ile başlayarak, O'nun adının bereketinden faydalanmak.
2- Münhasıran Allah'ın adıyla başlandığını anlatmak, çünkü taalluk eden lafzın burada" bismi: adıyla" öne alınması hasr ifade eder. Uygun bir fiil olarak takdir edişimizin sebebi ise maksada daha açık bir delil teşkil etmesinden dolayıdır. Mesela bizler bir kitab okumak isterken "Allah'ın adı ile başlarız" diyecek olursak, neye başladığımız bilinmez, lakin "Allah'ın adı ile okuruz" denilecek olursa, bu "başlarım" demekten daha çok açık bir şekilde maksadımızı ifade eder.
"Allah" lafza-i celâli şanı yüce ve mübarek yaratıcımızın özel adıdır. Bütün isimlerin kendisinden sonra geldiği en yüce ismidir. Öyle ki yüce Allah'ın şu buyruğunda da böyledir:
"Bu, insanları Rablerinin izniyle karanlıklardan nura; yegane galib, hamde layık olan, göklerde ve yerde bulunan herşey kendisinin olan Allah'ın yoluna çıkarman için sana indirdiğimiz bir kitabtır." (İbrahim, 14/1-2)
Bizler "Allah" lafza-i celâlinin bir sıfat olduğu görüşüne katılmıyoruz. Aksine burada lafza-i celâlin, sıfatın mevsufa tabi oluşu gibi tabi olduğunu kabul etmemek için bir atf-ı beyan olduğu görüşündeyiz. Bundan dolayı ilim adamları; marife (belirli) isimlerin en belirtilisi "Allah" lafzıdır. Çünkü bu lafız yüce Allah'tan başka hiçbir kimseye delâlet etmez, demişlerdir.
Rahmân: Yüce Allah'a has ve ondan başkası hakkında kullanılmayan isimlerden birisidir. Geniş rahmette bulunmak sıfatına sahib kimse demektir.
Rahîm: Yüce Allah hakkında da, başkası hakkında da kullanılabilen bir isimdir. Rahmete ulaşanlara, rahmetini ulaştıran, rahmet sahibi demektir. Buna göre rahmân geniş rahmet sahibi, rahîm ise rahmeti (başkasına) ulaşan demektir. Her ikisi bir arada kullanıldığı takdirde rahîm ile rahmetini kullarından dilediği kimseye ulaştıran anlamı kastedilir. Yüce Allah'ın: *"Dilediğine azab eder, dilediğine de rahmet eder ve yalnız O'na çevirileceksiniz."* (el-Ankebût, 29/21) buyruğunda olduğu gibi. Rahmân ile de rahmeti geniş olan kastedilir.
Bil ki -Allah'ın rahmeti üzerine olsun- tevhid; yalnızca yüce Allah'a ibadet etmek demektir.

İlim ve İdrak

Bilmek (ilim), bir şeyi bulunduğu hal üzere kesin bir şekilde idrâk etmek demektir. İdrâkin altı mertebesi vardır:
1- **İlim** -tarifi az önce geçti-
2- **Basit cahillik:** Bütünüyle idrak edememek demektir.
3- **Mürekkeb cehalet:** Bu da bir şeyi üzerinde bulunduğu halin dışında, ondan farklı bir şekilde idrâk etmektir. Bunun "mürekkeb" diye nitelendirilmesi iki türlü cehâlet oluşundan dolayıdır: İnsanın gerçeği bilememesi ve gerçekte bilmediği halde bildiğini zannedecek şekilde kendi durumunu bilememesi.
4- **Vehim:** Böyle olmadığını tercih etmeye sebep teşkil edecek şekilde bir ihtimal bulunmakla birlikte, bir şeyi (belirli bir şekilde) idrâk etmektir.
5- **Şek (şüphe):** Eşit derecede zıt bir ihtimalin varlığı ile birlikte bir şeyin idrâk edilmesidir.
6- **Zan:** Daha az tercih edilecek bir ihtimalin varlığı ile bir şeyi idrak etmektir.
İlim zaruri (zorunlu, kesin) ve nazarî olmak üzere iki kısma ayrılır. Zaruri ilim bilinenin idrakinin herhangi bir düşünme ya da istidlâle gerek olmaksızın zorunlu bir şekilde idrâk edilmesidir. Ateşin sıcak olduğunun bilinmesi gibi.
Nazarî ilim ise abdeste niyetin vacib oluşunu bilmek halinde olduğu gibi, aklen düşünmeyi ve istidlâli gerektiren bilgidir.

Rahmet ve Mağfiret

"Allah'ın rahmeti üzerine olsun" ifadesi istediğini kendisi ile elde edebileceğin ve çekindiğinden de sakınabileceğin Allah rahmetini senin üzerine bol bol indirsin demektir. Bu da yüce Allah geçmiş günahlarını sana bağışlasın ve gelecekte de bunlardan seni koruyup, sana başarı ihsan etsin anlamına gelir.

---

[1] Dar alana blok edilerek iri harflerle yazılan bölümler, İmam Muhammed b. Süleyman et-Temimî'ye ait olan metin kısmını; diğer bölümler de, Muhammed b. Sâlih el-'Useymîn'e ait şerhi teşkil etmektedir.

Bu anlamı "rahmet"i tek başına zikretmek halindedir. Eğer bununla birlikte "mağfiret" de söz konusu edilecek olursa, o vakit mağfiret geçmiş günahlar hakkında, rahmet de gelecekte hayır işleme ve günahlardan kurtulabilme başarısı için bir dua olur.

Müellifin -*Allah'ın rahmeti üzerine olsun*- kullandığı bu ifadeler muhatabına ne kadar şefkatli olduğunu, ona ne kadar ihtimam gösterdiğini ortaya koymaktadır.

Tevhid'in Çeşitleri

Tevhid: Sözlük anlamı itibariyle bir şeyi bir kılmak, bir bilmek demektir. Bu ise ancak nefy ve isbat (olumsuz ve olumlu ifade) ile gerçekleşir. Yani tevhid olunanın dışında kalanlar hakkında hükmün sözkonusu olmadığını belirtmek ile aynı hükmü tevhid olunan hakkında sabit kabul etmekten ibarettir. Çünkü tek başına nefy ta'tildir, tek başına isbat ise bu hususta başkasının ortak olamayacağı anlamını ifade etmez. Mesela insan "Allah'tan başka ilah olmadığına" şahidlik ederek yüce Allah'ın dışındaki bütün varlıklardan uluhiyeti nefyedip, yalnızca yüce Allah hakkında sabit kabul etmedikçe tevhidi tamam olamaz.

Terim olarak da -müellif- tevhidi "tevhid yalnızca yüce Allah'a ibadet etmektir" diye tanımlamış bulunmaktadır. Yani O'na hiçbir şeyi ortak koşmaksızın Allah'a bir ve tek olarak ibadet etmektir. Severek, tazim ederek, mükâfatını umarak, cezasından korkarak yalnızca O'na ibadet etmek demektir.

Müellifin -*Allah ona rahmet etsin*- kastettiği tevhid, gerçekleştirmek için peygamberlerin gönderildiği tevhiddir. Çünkü peygamberlerle ümmetleri arasında görüş ayrılığının çıktığı ve anlamı farklı yerlere çekilen tevhid odur.

Diğer taraftan tevhidin daha genel bir tanımı da vardır. O da şudur: "Yüce Allah'ı O'na has olan özelliklerde bir ve tek olarak bilmek ve tanımaktır." Bunun da üç türü vardır:

1- *Rubûbiyetin tevhidi*: Yaratmak, malik olmak ve tedbir ve idare bakımlarından yüce Allah'ı bir ve tek kabul etmektir. Yüce Allah şöyle buyurmaktadır:

"Allah herşeyin yaratıcısıdır." (ez-Zümer, 39/62)

"Gökten ve yerden size Allah'tan başka rızık veren herhangi bir yaratıcı var mıdır? O'ndan başka hiçbir ilah yoktur." (Fatır, 35/3)

Yine yüce Allah şöyle buyurmaktadır:

"Bütün mülk elinde bulunanın şanı ne yücedir! O, herşeye kadirdir." (Mülk, 67/1)

"İyi bilin ki yaratmak da, emretmek de yalnız O'nundur. Âlemlerin Rabbi olan Allah'ın şanı ne yücedir!" (el-Araf, 7/54)

2- *Ulûhiyetin tevhidi*: Bu da yalnızca yüce Allah'a ibadet etmesi demektir. Kişinin Allah ile birlikte kendisine ibadet edeceği yahut Allah'a yakınlaştığı gibi kendisine yakınlaşmak arzu edeceği herhangi bir varlık edinmemesi demektir.

3- *İsim ve sıfatların tevhidi*: Allah'ın kitabı ve Rasûlünün sünnetinde vârid olmuş isim ve sıfatları ile Allah'ı birlemek demektir. Bu da hakkında sabit görülen isim ve sıfatları kabul etmek, nefyedilenleri de nefyetmekle olur. Herhangi bir şekilde tahrife, ta'tile gitmeksizin, keyfiyetlendirmeye ya da temsile kalkışmaksızın bunların yapılması gerekir.

Dinin Maksadı

O, Allah'ın rasûllerini kullarına kendisi ile gönderdiği dinidir.

Müellifin maksadı burada ulûhiyetin tevhididir. Ulûhiyetin tevhidi rasûllerin dinidir. Hepsi yüce Allah'ın şu buyruğunda belirttiği gibi tevhidin kendisi olan bu esas ile gönderilmişlerdir:

"Andolsun ki biz her ümmet arasında: Allah'a ibadet edin ve tağuttan uzak durun diye bir peygamber göndermişizdir." (en-Nahl, 16/36)

"Senden önce gönderdiğimiz her bir peygambere mutlaka şunu vahyederdik: Benden başka ilâh yoktur. O halde yalnız bana ibadet edin." (el-Enbiyâ, 21/25)

İşte Peygamber *sallallahü aleyhi vesellem*'in kendileriyle savaştığı, kanlarını, mallarını, topraklarını, yurtlarını, kadın ve çocuklarının esir alınmasını mübah kıldığı müşriklerin sapıklığa düştüğü tevhid çeşidi budur.

Bu tevhidi ihlâl eden bir kimse müşrik bir kâfirdir. İsterse rubûbiyetin, isim ve sıfatların tevhidini kabul etsin.

O halde yüce Allah'ın ibadette tevhidi, kullarına -müellifin de belirttiği gibi- rasûllerini kendisi ile göndermiş olduğu rasûllerin dinidir. İşte rasûllerin ilki Nuh *aleyhisselam*'ın yüce Allah'ın bize naklettiği üzere söyledikleri:

"Andolsun biz Nuh'u kavmine göndermiştik: Şüphesiz ki ben sizin için apaçık bir uyarıcıyım. Allah'tan başkasına ibadet etmeyin." (Hud, 11/25-26)

Yine yüce Allah şöyle buyurmaktadır:

"Âd kavmine kardeşleri Hûd'u (gönderdik). O: Ey kavmim! Allah'a ibadet ediniz. O'ndan başka hiçbir ilâhınız yoktur dedi." (el-A'raf, 7/65)

"Semûd kavmine de kardeşleri Salih'i gönderdik. Onlara: Ey kavmim! Allah'a ibadet edin, sizin O'ndan başka ilâhınız yoktur dedi." (el-A'raf, 7/73)

"Medyene de kardeşleri Şuayb'ı gönderdik. Dedi ki: Ey kavmim! Allah'a ibadet edin O'ndan başka hiçbir ilâhınız yoktur." (el-A'raf, 7/85)

İlk Rasul

O rasûllerin ilki Nuh *aleyhisselam*'dır. Yüce Allah onu kavminin ved, suvâ', yeğûs, yeûk ve nesr gibi salih kimseler hakkında aşırıya gitmeleri üzerine peygamber olarak göndermiştir.

Nuh'un rasûllerin ilki olduğu bir gerçektir. Çünkü Nuh *aleyhisselam*'dan önce yüce Allah herhangi bir rasûl göndermiş değildir. Böylelikle bizler İdris *aleyhisselam*'ın Nuh *aleyhisselam*'dan önce gönderildiğini söyleyen tarihçilerin hatalı olduklarını anlıyoruz. Çünkü yüce Allah şöyle buyurmaktadır:

"Nuh'a ve ondan sonraki peygamberlere vahyettiğimiz gibi muhakkak biz sana da vahyettik." (en-Nisâ, 4/163)

(Kıyamet arasat'ındaki) şefaat olayını anlatan sahih hadiste de şöyle denilmektedir:

"İnsanlar Nuh aleyhisselam'a varırlar ve ona şöyle derler: Sen Allah'ın yeryüzünde rasûl olarak gönderdiği ilk rasûlsün."[2]

O halde ilim adamlarının icmaı ile Nuh'tan sonra rasûl yoktur.

Buna göre kitab, sünnet ve icma ile ilk rasûl Nuh *aleyhisselam*'dır.

Nuh *aleyhisselam* ulu'l-azm (azim sahibi) olan beş rasûlden birisidir. Bunlar da Muhammed, İbrahîm, Musa, Nuh ve İsa *(hepsine salât ve selam olsun)* peygamberlerdir. Yüce Allah onları kitab-ı keriminde biri el-Ahzab suresinde, diğeri eş-Şûrâ suresinde olmak üzere iki yerde sözkonusu etmiştir.

Dinde Aşırılık

Kavminin bu salih kimseler hakkında aşırıya gitmiş olduklarına gelince: Yüce Allah Nuh *aleyhisselam*'ı kavmine salihler hakkında aşırıya gitmeleri üzerine peygamber olarak göndermiştir. Müellif "Kitabu't-Tevhid" adlı eserinde bu mesele ile ilgili olarak şöyle bir başlık kullanmıştır: "Ademoğullarının küfre yönelmeleri ve dinlerini terketmelerinin sebebi, salih zatlar hakkındaki aşırıya kaçışlarıdır."

Aşırıya kaçmak (el-ğuluv): ibadet etmekte, amelde, övgüde yermek yahut övmekte haddi aşmak demektir. Aşırıya kaçmak dört kısma ayrılır:

1- Akidede aşırılık: Kelâmcıların Allah'ın sıfatları hususunda aşırıya kaçmalarında olduğu gibi akidede aşırılık. Öyle ki onlar bu hususta ya temsil ya da ta'tile kadar gitmişlerdir.

Orta yol ise Allah'ın kendi zatı için ya da rasûlünün onun hakkında sabit olduğunu belirttiği isim ve sıfatları herhangi bir tahrif ve ta'tile, keyfiyetlendirme ve temsile gitmeksizin kabul etmektir.

2- İbadetlerde aşırıya kaçmak: Büyük günah işleyen kimsenin kâfir olduğunu kabul eden hariciler ile büyük günah işleyen bir kimse iki konum arasında bir yerdedir (el-menziletu beyne'l-menzileteyn) diyen mutezilenin aşırıya kaçmaları gibi. Böyle bir aşırılığa kaçmanın karşılığında da mürcienin işi kolaylaştırması yer almaktadır. Onlar da: İman olduktan sonra hiçbir günahın zararı yoktur, demişlerdir.

Orta yol ise ehl-i sünnet ve'l-cemaatin benimsediği: masiyet işleyen bir kimsenin masiyeti oranında imanında bir eksilme sözkonusudur, şeklindeki görüşleridir.

3- Muamelâtta aşırıya kaçış: Bu da herbir şeyi haram kılmak hususunda işi sıkı tutmaktır. Bu sıkı tutmanın karşısında ise, malı ve iktisadı arttırıp geliştiren her şey -faiz, aldatmak ve daha başka şeyler bile- helal olduğunu söyleyen görüş yer almaktadır.

Bunun ortası, adalet ilkesine dayalı muamelâtın helâl olduğunu söylemektir. Bu da kitab ve sünnet naslarının ortaya koyduğu hususlara uyan muamelâttır.

4- Geleneklerde (âdetlerde) aşırılık: Bu da eski geleneklere sarılmakta işi sıkı tutup, onlardan daha hayırlı olanlara geçmemektir.

Eğer gelenekler maslahatlar itibariyle birbirine eşit ise insanın bulunduğu halini sürdürmesi sonradan gelen gelenekleri kabullenmesinden iyidir.

Salih Zat

Salih zat; hem yüce Allah'ın hem de Allah'ın kullarının haklarını gereği gibi yerine getiren kimse demektir.

Ved, suvâ', yağûs, yeûk ve nesr ise Nuh *aleyhisselam*'ın kavmi arasında vaktiyle salih kimseler olan birtakım kimselerin putları idi. Sahih-i Buhari'de İbn Abbas *radıyallahu anh.*'dan şöyle dediği zikredilmektedir: "Bunlar Nuh kavminden salih birtakım kişilerin isimleridir. Bunlar öldükten sonra şeytan kavimlerine, bunların oturdukları yerlere, onların heykellerini dikiniz ve bunlara o şahısların isimlerini veriniz diye telkinde bulundu. Onlar da bu denileni yaptılar. O ilk nesil helak olup, buna dair bilgi unutuluncaya kadar bu putlara ibadet olunmadı."[3]

---

[2] Buharî, Tevhid, Babu Kelâmillahi Maa'l Enbiya; Müslim, Kitabu'l-İman, Bab-u Edna Ehli'l-Cenneti Menzilen.

[3] Buhari, Tefsir, Suretu Nuh, Hadis no: 4636.

Bu yorumun açıklanmaya ihtiyacı vardır. Çünkü İbn Abbas *radıyallahu anh.*: "Bunlar Nuh kavmine mensub salih birtakım kimselerin isimleridir." demektedir. Kur'ân-ı Kerim'in ifadelerinin zahirinden anlaşılan ise bunların Nuh *aleyhisselam*'dan önce oldukları şeklindedir. Çünkü yüce Allah şöyle buyurmaktadır:

"Nuh dedi ki: Rabbim gerçek şu ki bunlar bana isyan ettiler. Malı ve evladı zararından başkasını arttırmayacak kimselere uydular ve onlar büyük büyük hileler yaptılar, tuzaklar kurdular ve: Tanrılarınızı bırakmayın. Sakın ved, suvâ', yeğûs, yeûk ve nesri terketmeyin dediler." (Nuh, 71/21-23)

O halde âyetin zahiri Nuh kavminin bu putlara ibadet ettiklerini, onun da bu işten uzak durmalarını kendilerine telkin ettiğini göstermektedir. Ayetin siyakı İbn Abbas'ın sözünü ettiği hususa delâlet etmekte ise de; bu ifadelerin zahiri sözü edilen salih kimselerin Nuh *aleyhisselam*'dan önce yaşadıkları doğrultusundadır. Doğrusunu en iyi bilen Allah'tır.

Son Rasul ve İsa

Rasûllerin sonuncusu da Muhammed *sallallahü aleyhi vesellem*'dir
Bunun delili yüce Allah'ın: *"Muhammed sizin adamlarınızdan kimsenin babası değildir. Fakat o Allah'ın Rasûlü ve peygamberlerin sonuncusudur."* (el-Ahzab, 33/40) buyruğudur.
O halde Peygamber *sallallahü aleyhi vesellem*'den sonra hiçbir peygamber gelmeyecektir.
Meryem oğlu İsa, âhir zamanda inecektir ve o bir rasûldur, denilecek olursa, cevabımız şudur:
Bu doğrudur, ancak o önceki şeriatleri yenileyen bir rasûl olarak inmeyecektir. O, peygamber Muhammed *sallallahü aleyhi vesellem*'in şeriati ile hükmeden birisi olarak inecektir. Çünkü gerek İsa'ya, gerekse diğer peygamberlere düşen Muhammed *sallallahü aleyhi vesellem*'e iman etmek, ona uymak ve ona yardımcı olmaktır. Nitekim yüce Allah şöyle buyurmaktadır:
"Hani Allah peygamberlerden; size verdiğim kitab ve hikmetten sonra size beraberinizdekini doğrulayıcı bir peygamber gelince, ona mutlaka iman edecek ve yardım edeceksiniz diye söz aldığı zaman: Kabul ettiniz mi ve bu ağır yükünü alıp yüklendiniz mi, demişti. Onlar da: Kabul ettik demişlerdi. Öyleyse şahid olun ben de sizinle beraber şehadet edenlerdenim, diye buyurmuştu." (Âl-i İmran, 3/81)
İşte peygamberle birlikte olanları tasdik eden rasûl Muhammed *sallallahü aleyhi vesellem*'dir. Nitekim bu husus büyük sahabi İbn Abbas *radıyallahu anh.*'dan ve başkalarından sahih olarak rivayet edilmiştir.
Ve o, (put edinilen) bu salihlerin suretlerini kırmıştır. Allah onu ibadete yönelen, hacceden, tasadduk eden, Allah'ı çokça anan fakat birtakım yaratıkları kendileri ile Allah arasında aracılar kılan bir kavme göndermişti ve onlar: 'Biz bunlardan bizi yüce Allah'a yaklaştırmalarını ve O'nun yanında onların bize şefaat etmelerini istiyoruz diyorlardı.' (aracı edindikleri) Bu yaratıklar melekler, İsa, Meryem ve onların dışında kalan benzeri salih kimseler idi.
Yani Peygamber *sallallahü aleyhi vesellem* putları kırdı. Bu da, Mekke'nin fethedildiği günü Kabe'ye girip, etrafında 360 tane put olduğunu görünce olmuştu. O elindeki harbeyi onlara saplıyor ve bu arada yüce Allah'ın: *"Hak geldi, batıl can çekişip yok oldu. Şüphesiz ki batıl can çekişe çekişe yok olucudur."* (el-İsra, 17/81) buyruğunu okuyordu.[4]

Rasûlullah'ın Kendilerine Gönderildiği Kafirler

Allah, Rasûlü Muhammed *sallallahü aleyhi vesellem*'i kendilerini ibadete veren bir kavme peygamber olarak gönderdi. Fakat bu ibadetleri Allah'ın hakkında hiçbir delil indirmediği batıl bir ibadet idi. Bu kavim sadakalar veriyor ve çeşitli pekçok hayırlar işliyorlardı. Ancak bu hayırların onlara bir faydası olmuyordu, çünkü onlar kâfir idiler. Yüce Allah'a yakınlaşmanın bir şartı, yüce Allah'a yakınlaşmaya çalışan kimsenin müslüman olmasıdır. Bunlar ise müslüman değillerdi.
Onlar ancak bu putlara kendilerini yüce Allah'a daha bir yakınlaştırsınlar diye ibadet ediyorlardı. Onlar bunların Allah'tan başka varlıklar olduğunu, kendilerine bir fayda sağlayamayacak, bir zarar veremeyecek durumda olduklarını bilmekle birlikte, Allah nezdinde kendilerine şefaatçi olacaklarını kabul ediyorlardı. Ancak onların bu şefaat ümitleri batıl bir ümitti. Bunun sahiblerine bir faydası sözkonusu olamaz, çünkü yüce Allah şöyle buyurmaktadır:
"Şefaatçilerin şefaati onlara fayda vermeyecektir." (el-Muddessir, 74/48)
Buna sebeb ise yüce Allah'ın bu müşriklerin şirk koşmalarına razı olmayışı ve onlara (bu halleriyle) şefaat edilmesine izin vermesinin imkansız oluşudur. Zira yüce Allah'ın razı olduğu kimseler dışındakilere şefaat yoktur. Allah da kullarının kâfir olmalarına razı olmaz, fesadı sevmez. Dolayısıyla müşriklerin tapındıkları ilâhlarına yapışıp; *"Bunlar Allah'ın nezdinde bizim şefaatçilerimizdir."* (Yunus, 10/18) demeleri batıl ve faydasız bir sarılıştır. Aksine bu, onların Allah'tan uzaklaşmalarından başka bir şeylerini arttırmaz. Üstelik müşrikler batıl bir yolla putlarının şefaat edeceklerini ümit etmektedirler. Bu ise bu gibi putlara tapınmalarıdır. Allah'tan

---

[4] Buhari, Tefsir, Suretu'l-İsrâ.

uzaklıktan başka bir şeylerini arttırmayan bu varlıklara ibadet ile Allah'a yakınlaşmaya çalışmak, müşriklerin cahilliklerinden ve beyinsizliklerinden kaynaklanan bir hususdur.

Yüce Allah Muhammed *sallallahü aleyhi vesellem*'i ataları İbrahîm aleyhisselam'ın dinini onlar için yenilemek ve onlara böyle bir yakınlaşma çabası ile böyle bir inanışın katıksız olarak yüce Allah'ın hakkı olduğunu - başkaları şöyle dursun- mukarreb bir melek yahut mürsel bir nebi dahi olsa, Allah'tan başkasına bunun bir bölümünü dahi ayırmanın doğru olmadığını haber vermek üzere göndermiştir.

Müellif *yüce Allah'ın rahmeti üzerine olsun* şöyle demektedir: Onlar bu küfürleri üzere devam edip gittiler. Yani kendi iddialarına göre yüce Allah'a kendilerini yakınlaştırsın diye bu putlara ibadete devam ettiler. Nihayet Allah onlara rasûlü ve peygamberlerin sonuncusu olan Muhammed *sallallahü aleyhi vesellem*'i gönderdi. Allah onu katıksız tevhid ile gönderdi. İnsanları bir ve tek olarak Allah'a ibadet etmeye çağırıyor, şirkten sakındırıyordu.

Yüce Allah şöyle buyurmaktadır:

"Şüphesiz ki kim Allah'a ortak koşarsa, elbette Allah ona cenneti haram kılmıştır. Onun varacağı yer cehennemdir. Zulmedenlerin hiçbir yardımcıları yoktur." (el-Mâide, 5/72)

İbadetin ancak bir ve tek olarak Allah'ın hakkı olduğunu, ibadetin bir bölümünü dahi -başkaları şöyle dursun- mukarreb bir melek ya da mürsel bir peygambere yönelik kılmanın caiz olmadığını onlara açıkladı. Yüce Allah şöyle buyurmaktadır:

"Ey Adem oğulları! Şeytana tapmayın, çünkü o sizin apaçık bir düşmanınızdır ve bana ibadet edin, diye size emrimi açıklamadım mı? İşte dosdoğru yol budur." (Yâsîn, 36/60-61)

Müellif: "Kendilerine ataları İbrahîm'in dinini yenilemek üzere..." ifadesi ile yüce Allah'ın:*"Sonra biz sana: Hanif olarak İbrahîm'in dinine uy, o müşriklerden olmadı diye vahyettik."* (en-Nahl, 16/123) buyruğuna işaret eder gibidir.

"Katıksız Allah'ın hakkıdır." ifadesi de yalnızca halis olarak Allah'ın hakkıdır, demektir.

Yoksa bu müşrikler de Allah'ın bir ve tek olarak ve hiçbir ortağı bulunmaksızın yaratıcı olduğuna, O'ndan başka kimsenin rızık vermediğine, O'ndan başka hayat veren ve öldüren bulunmadığına, kâinatın işlerini yalnızca O'nun çekip çevirdiğine, göklerdekilerin ve oralarda bulunanların hepsinin, yedi arzın ve içinde bulunanların tamamının Allah'ın olup, O'nun tasarruf ve kahr-u galebesi altında bulunduğuna şahidlik ediyorlardı.

Müellif *Allah ona ranmet etsin* şunu söylemektedir: Yüce Allah'ın rasûlünün *sallallahu aleyhi vesellem* aralarında peygamber olarak gönderdiği bu müşrikler yüce Allah'ın tek başına yaratıcı olduğunu, gökleri ve yeri O'nun yarattığını, bütün işleri çekip çevirenin O olduğunu itiraf ve kabul ediyorlardı. Nitekim yüce Allah Kur'ân-ı Kerîm'in birçok âyet-i kerîmesinde onların bu hallerini sözkonusu etmektedir. (Mesela) yüce Allah şöyle buyurmaktadır:

"Andolsun ki onlara: Göklerle yeri kim yarattı? diye sorsan, elbette: Onları hüküm ve emrinde galip, herşeyi en iyi bilen (Allah) yarattı derler." (ez-Zuhruf, 43/9)

"Andolsun ki sen onlara kendilerini kimin yarattığını sorsan, elbette: Allah diyeceklerdir." (ez-Zuhruf, 43/87)

Bu anlamdaki âyet-i kerîmeler pek çoktur. Ancak onların bu kanaatte olmalarının kendilerine bir faydası yoktur. Çünkü bu sadece rubûbiyetin kabul edilmesidir. Beraberinde ulûhiyet kabul edilip, bir ve tek olarak yalnızca Allah'a ibadette bulunmadıkça rubûbiyetin kabul edilmesinin faydası yoktur.

Şunu bilelim ki rubûbiyeti kabul etmek, ulûhiyeti de kabul etmeyi gerektirir. Ulûhiyeti kabul etmek de aynı zamanda rubûbiyeti kabulü de ihtiva eder.

1- Birincisi (yani rubûbiyetin kabul edilmesi) bağlayıcı bir kabuldür. Şöyle ki rubûbiyetin kabul edilmesi rab diye kabul ettiği kimsenin ulûhiyyetini de kabul etmesi için bağlayıcı bir delil mahiyetindedir. Zira tek başına yaratıcı, bütün işlerin çekip çeviricisi, herşeyin mutlak egemenliğini elinde bulunduran yalnızca yüce Allah ise, o halde ibadetin de yalnızca ona olması gerekir, başkasına değil.

2- İkincisi (ulûhiyetin kabulü) birincisini de ihtiva eder. Yani uluhiyetin tevhid edilmesi, rubûbiyetin tevhidini de ihtiva eder. Zira bir ve tek olarak yaratıcı ve bütün işlerin çekip çeviricisi olduğuna inanılan o yüce Rabbin dışında hiçbir kimse ilâh olarak kabul edilemez.

Müşrikler Rububiyyeti Kabul Ediyorlardı

Şâyet Rasûlullah *sallallahü aleyhi vesellem*'ın kendileriyle savaştığı bu kimselerin Allah'ın rubûbiyetine tanıklık ettiklerine dair delil istiyorsan, yüce Allah'ın şu buyruklarını oku:

"De ki: Size gökten ve yerden rızık veren kimdir? Yahut o gözlere ve kulaklara malik olan kimdir? Ölüden diriyi çıkaran ve diriden ölüyü çıkaran kimdir? İşleri yerli yerince kim yönetiyor? Hemen: Allah diyeceklerdir. De ki: O halde korkmaz mısınız?" (Yunus, 10/31)

"De ki Yer ve oradakiler kimindir? Eğer biliyorsanız (söyleyin). Onlar Allah'ındır, diyecekler. Sen de ki: O halde siz iyice düşünüp ibret almaz mısınız? De ki: Yedi göğün ve büyük arşın Rabbi kimdir? Allah'ındır, diyeceklerdir. De ki: O halde korkmaz mısınız? De ki: Herşeyin hakimiyeti elinde bulunan, himaye eden fakat kendisine karşı kimsenin himaye altına alınmasına imkân tanımayan kimdir? Eğer biliyorsanız (söyleyin). Onlar, Allah'ındır diyeceklerdir. De ki öyleyse nasıl olur da aldanıyorsunuz?" (el-Mu'minûn, 23/84-89)

Müellif *Allah ona ranmet etsin* burada daha önce belirttiği "bunlar rububiyetin tevhidini kabul ediyorlardı" şeklindeki sözlerinin delilini zikretmektedir. Ancak o bu açıklamayı istidlâli daha tam, daha sağlam ve daha iyi bir yer etsin diye, soru ve cevap şeklinde vermeyi tercih etmiş ve: "Eğer ... delil istersen, yüce Allah'ın:*"De ki size gökten ve yerden rızık veren kimdir?..."* (Yunus, 10/31) buyruğunu oku." demektedir.

"O halde korkmaz mısınız?" buyruğu şu demektir: Sizler bunları kabul ettiğinize göre eksiksiz mülk ve egemenin, eksiksiz şekilde kâinatın işlerini çekip ve çevirenin O olduğuna, biricik yaratıcının, rızık verenin, kulaklara ve gözlere mutlak malik olanın O olduğuna, ölüden diriyi, diriden ölüyü çıkartanın, bütün işleri yönetenin O olduğuna dair itirafta bulunduğunuz Allah'tan sakınmaz mısınız?

Böyle bir soru azar ve söylediklerinin bağlayıcılığını onlara hatırlatmak içindir. Yani sizler böyle bir inanca sahib olduğunuza göre Allah'tan sakınmanız, O'na hiçbir şeyi ortak koşmaksızın, bir ve tek olarak yalnızca O'na ibadet etmeniz de gerekmektedir.

Müellif *Allah ona ranmet etsin* bizden *"De ki yer ve ordakiler kimindir"* âyetlerini de okumamızı istemektedir. Bu âyetler de Peygamber Muhammed *sallallahü aleyhi vesellem*'in aralarında gönderilmiş olduğu müşriklerin rububiyetin tevhidini kabul ettiklerinin delilleri arasındadır. Onlar yerin ve orada olanların hepsinin ortaksız olarak yalnızca Allah'a ait olduğunu kabul ettikleri gibi, gökleri ve yeri Allah'ın yarattığını, büyük Arşın Rabbinin O olduğunu da kabul ediyorlar, herşeyin melekûtunun (mutlak egemenlik ve tasarrufunun) yalnızca O'nun elinde olduğunu, kendisi başkasını himaye etmekle birlikte ona rağmen kimsenin himaye altına alamayacağını da kabul ediyorlardı. Bütün bunları kabul etmeleri bir ve tek olarak Allah'a ibadet edip, ibadetlerini yalnızca O'na tahsis etmelerini de gerektirmektedir. Bundan dolayı bu üç âyetin herbirisinin sonunda da soru kipi ile onların azarlandıkları görülmektedir.

Peygamber *sallallahü aleyhi vesellem*'in aralarından gönderildiği müşriklerin rubûbiyetin tevhidini ikrar ettiklerini belirten âyet-i kerimeler de pek çoktur.

Onların bu hususları (yani rubûbiyetin tevhidini) kabul ettiklerini ve bununla birlikte Rasûlullah *sallallahü aleyhi vesellem*'ın onları kendisine davet ettiği tevhidin kapsamına almadığını kesinlikle anlayıp, onların inkâr ettikleri tevhidin günümüzdeki müşriklerin "itikad" diye adını verdikleri ibadet tevhidi olduğunu bildiğine göre...[5]

Yani Rasûlullah *sallallahü aleyhi vesellem*'ın kendi aralarında gönderilmiş olduğu müşrikler rubûbiyet tevhidini kabul ediyorlardı. Bu ise bir ve tek olarak yüce Allah'ın yaratıcı olduğuna, mutlak malik ve bütün işleri çekip çevirenin O olduğuna inancı ihtiva eder. Onların Allah'ın yaratıcı, malik ve bütün işleri çekip çeviren olduğuna iman etmeleri, Rasûlullah *sallallahü aleyhi vesellem*'ın kendilerini kabul etmeye davet ettiği, kanlarının ve mallarının dokunulmazlığını da sağlayan ibadetin tevhidi kapsamına onları sokmuyordu.

İşte onların inkâr ettikleri tevhidin -müellifin belirttiği gibi- çağımızın müşrikleri tarafından "itikad" diye adlandırılan ibadetin tevhidi olduğunu öğrenmiş olduğuna göre onların kabul ettikleri bu (rububiyet tevhidi)nın tevhidde yeterli olmadığını, hatta İslamın çerçevesi içerisinde de yeterli olmadığını açıkça görmüş oluyorsun. Çünkü ibadet tevhidini kabul etmeyen bir kimse müslüman değildir, isterse rububiyet tevhidini kabul etsin. Bundan dolayıdır ki Peygamber *sallallahü aleyhi vesellem* -önceden de geçtiği gibi- rububiyetin tevhidini kabul etmiş olmalarına rağmen müşriklerle savaşmış bulunmaktadır.

Müşriklerin Meleklere, Salihlere ve İsa'ya İbadeti

Nitekim o müşrikler gece gündüz yüce Allah'a dua ediyorlardı. Diğer taraftan onlar arasından salih varlıklar olduklarını ve yüce Allah'a yakınlıkları sebebiyle kendilerine şefaatçi olsunlar diye meleklere dua ediyor, yahut Lat gibi salih bir zata ya da İsa gibi bir peygambere dua (çağrı) da bulunuyorlardı.

Yani bu müşrikler Allah'a ibadet hususunda çaresiz kaldıklarında yüce Allah'a dua ederlerdi. Aralarından yüce Allah'a yakınlıkları dolayısıyla meleklere dua edenler de vardı. Bunlar yüce Allah'a yakın olan kimse ibadete layıktır, kanaatinde idiler. Bu ise onların bilgisizliklerinden kaynaklanan bir kanaatti. Çünkü ibadet hiç şüphesiz bir ve tek olarak yüce Allah'ın hakkı olup, hiç kimse ibadette O'na ortak değildir.

Aralarından Lat'a dua edenler de vardı. Bu kelime aslı itibariyle hacılar için sevik diye bilinen bir çeşit bulamacı yapan kişinin adıdır. Yani bu kimse onu yağda kavuruyor ve bunu hacılara ikram ediyordu. Bu kişi ölünce, önceleri kabri başında beklediler, sonra da ona tapındılar.

Aralarından kimisi Allah'ın delil ve belgelerinden bir mucize olduğundan ötürü İsa Mesih'e de ibadet ediyordu. Kimileri de yüce Allah'a yakınlıkları sebebiyle evliyaya tapınıyordu. Bütün bunların ve dosdoğru yoldan sapıtmalarının sebebi ise amellerinin şeytan tarafından kendilerine süslü ve güzel gösterilmesidir. Yüce Allah şöyle buyurmaktadır:

"De ki: Amelleri açısından en çok ziyana uğrayanları size haber verelim mi? Onlar o kimselerdir ki dünya hayatında yaptıkları boşa gitmiştir. Üstelik kendilerinin muhakkak iyi yaptıklarını zannederler. Onlar Rablerinin âyetlerini ve O'na kavuşmayı inkâr edip, amelleri boşa çıkmış olanlardır. Biz kıyamet günü onlar için ölçü tutmayacağız." (el-Kehf, 18/103-105)

---

[5] Açıklamadan da anlaşılacağı üzere; cümle; "tek başına bu tevhidin yeterli olmadığını da anlamış bulunuyorsun" diye ya da benzeri bir mana ile tamamlanır. (Çeviren)

Şunu da bil ki; Rasûlullah *sallallahü aleyhi vesellem* bu şirkten ötürü onlarla savaşmış, onları bir ve tek olarak Allah'a ibadeti halis kılmaya çağırmıştır. Nitekim yüce Allah şöyle buyurmaktadır:
"Onun için Allah ile birlikte başka hiç bir kimseye dua (ve ibadet) etmeyin." (el-Cin, 72/18)
Yine yüce Allah şöyle buyurmaktadır:
"Hak olan davet (dua ve ibadet) yalnız O'nadır. Onu bırakıp, çağırdıkları ise kendilerine hiçbir şekilde cevab veremezler." (er-Râd, 13/14)
Yani Allah ile birlikte Allah'tan başkasına ibadet ettiklerinden, ibadette O'na şirk koştuklarını bilmiş oluyorsun. Burada maksat onların rubûbiyette Allah'a ortak koştukları değildir. Çünkü müşrikler arasında Peygamber *sallallahü aleyhi vesellem* gönderildiğinde onlar yüce Allah'ın ortaksız rab olduğuna, darda kalanların duasını kabul edenin, sıkıntıları giderenin O olduğuna -ve buna benzer yüce Allah'ın rubûbiyetini kabul ettiklerini ortaya koyan sözünü ettiği diğer hususları söylediklerini- ve böylelikle bir ve tek olarak O'nun rububiyetini kabul etmiş olduklarına inanıyorlardı.
Peygamber *sallallahü aleyhi vesellem* ibadet hususunda Allah'ı tevhidi kabul etmeyen bu müşriklerle savaşmıştır. Hatta tek başına Allah'ın yaratıcı olduğunu kabul etmekle birlikte onların kanlarının ve mallarının helal olduğunu belirtmiştir. Çünkü onlar yüce Allah'a ibadet etmiyorlar, ibadeti ihlâsla yalnız O'na tahsis etmiyorlardı.

İhlâs

İhlâs "kişinin ibadetinde yalnızca yüce Allah'a yakınlaşma ve O'nun lutuf ve ihsan yurduna kavuşma kastını gütmesi demektir."
Onların Allah'ı bırakıp, dua edip tapındıkları putlar hiçbir şekilde onların dualarını kabul etmiyorlardı. Nitekim yüce Allah (bir başka yerde) şöyle buyurmaktadır:
"Allah'tan başka kendisine kıyamete kadar (dua etse dahi) cevab veremeyecek olan ve kendilerine yaptıkları duadan habersiz olan kimselere dua (ve ibadet) eden kişiden daha sapık kim olabilir? İnsanlar bir araya toplatıldıklarında onlar kendilerine düşman kesilir ve onların ibadetlerini inkâr edenler olurlar." (el-Ahkaf, 46/5-6)

Dua ve Türleri

Duanın (ve ibadetin) tümüyle yalnızca Allah'ın, hayvan kesmenin tümüyle yalnızca Allah'ın, adakta bulunmanın tümüyle yalnızca Allah için yapılması ve başkasından değil yalnızcıa O'ndan yardım ve imdat dilemeleri için onlarla savaştıklarını da kesin olarak anlamış olursun. Bütün ibadet çeşitleri de yalnızca Allah'ındır.
Dua iki türlüdür:
1- Sevabı ümit edilerek, cezasından korkularak kendisine dua edilene ibadette bulunmak suretiyle yapılan "ibâdet duası". Bunun Allah'tan başkasına yapılması doğru değildir, Allah'tan başkasına yapılması dinden çıkartan büyük bir şirktir. Yüce Allah'ın; *"Şüphesiz bana ibadeti büyüklüklerine yediremeyenler yakında hor ve hakir olarak cehenneme gireceklerdir."* (el-Mu'min, 40/60) buyruğundaki tehdit bu tür dua (ve ibadet) hakkındadır.
2- İstekte bulunmak duası: Bu da istek için ya da ihtiyaçların karşılanması için yapılan duadır. Bunun üç kısmı vardır:
a- Şanı yüce Allah'a ancak kendisinin güç yetirebileceği hususları bildirerek dua etmek. Bu yüce Allah'a bir ibadettir, çünkü bunun kapsamı içerisinde yüce Allah'a ihtiyacın arzedilmesi ve O'na sığınmak, O'nun kadir, cömert, lütuf ve rahmeti geniş olduğuna inanç da vardır. Allah'tan başka hiçbir kimsenin yerine getirmeğe güç yetiremediği herhangi bir hususu Allah'tan başkasından dua ederek isteyen bir kimse, kendisine dua ettiği varlık ister canlı, ister ölü olsun müşrik ve kâfir olur.
b- Hayatta olan bir kimseye güç yetirebileceği şeyleri söyleyerek dua etmek: Ey filan bana su ver, demek gibi. Bunda hiçbir sakınca yoktur.
c- Ölü ya da huzurda bulunmayan bir kimseye bu gibi istekleri sunmak: Bu da bir şirktir, çünkü ölü ya da huzurda bulunmayan bir kimsenin bu gibi işleri yerine getirmesine imkân yoktur. Bu istekte bulunan kimsenin böylesine bir kimseye dua etmesi, o varlığın kâinatta bir tasarruf sahibi olduğuna inandığını göstermektedir. Bundan dolayı o kimse müşrik olur.

Kurban Keserek İbadet

Hayvan kesmek (zebh) özel bir şekilde kanın akıtılması suretiyle canın çıkmasını sağlamaktır. Bu da bir kaç türlü gerçekleşir:
1- Kendisi için hayvanın kesildiği şahsı tazim etmek, onun önünde zilletini arzetmek ve ona yakınlaşmak maksadını güderek yapılan kesim. Bu bir ibadettir ve ancak yüce Allah'ın meşru kıldığı bir şekilde yüce Allah'a yapılır. Her kim bunu Allah'tan başkası için yaparsa, bu büyük şirktir. Çünkü yüce Allah şöyle buyurmaktadır:

"De ki: Şüphesiz benim namazım, ibadetim (kurban kesmem), hayatım ve ölümüm âlemlerin rabbı olan Allah içindir." (el-En'âm, 6/162)

2- Misafire ikram yahut bir düğün ziyafeti ve buna benzer maksatlarla hayvan kesmek: Bu kimi zaman vacib, kimi zaman müstehab olmak üzere emrolunmuş bir şeydir. Çünkü Peygamber *sallallahü aleyhi vesellem* şöyle buyurmuştur:
"Allah'a ve âhiret gününe iman eden bir kimse misafirine ikramda bulunsun."[6]
Yine Abdu'r-Rahman b. Avf'a evlendiğinde şöyle demiştir:
"Bir koyun ile dahi olsa düğün ziyafeti ver."[7]
3- Yemek suretiyle yahut ticaret yapmak ve buna benzer faydalanmak kastı ile kesmek: Bu da mübah bir kesimdir. Bunda aslolan mübahlıktır, çünkü yüce Allah şöyle buyurmaktadır:
"Görmezler mi ki biz onların faydasına kendi ellerimizle var ettiğimiz davarlar yarattık. İşte kendileri bunlara sahibtirler. Onları kendilerine boyun eğdirdik, hem binekleri bunlardandır, hem onlardan yerler." (Yâsîn, 36/71-72)
Bu, vesile olduğu şeye göre bazan istenen bir kesim olur, bazan da yasaklanan bir kesme işlemi olur.

Adak

Adak (nezir) genel olarak farz kılınmış, bütün ibadetler hakkında kullanıldığı gibi özel anlamıyla adak (nezir) hakkında da kullanılır. Bu anlamıyla nezir insanın Allah için kendisini belirli bir şeyi yapmakla yükümlü kılmasıdır. Burada kastedilen ise birinci anlamdır. Bütün ibadetler yüce Allah'a aittir, çünkü yüce Allah:*"Rabbin şunları hükmetti: Kendisinden başkasına ibadet etmeyin..."* (el-İsra, 17/23) diye buyurmaktadır.

İstiğase (Yardım Dileği)

İstiğâse (yardım dileği) ise zorluktan ve ölümden kurtulmak ve yardım istemektir. Bunun da bir kaç kısmı vardır:
1- Yüce Allah'tan yardım isteme (istiğâse): Bu, amellerin en faziletlilerinden, en mükemmellerindendir. Rasûllerin ve onlara tabi olanların yapageldikleri hep bu olmuştur. Buna delil de yüce Allah'ın şu buyruğudur:
"Hani siz Rabbinizden imdat istiyordunuz da: Muhakkak ben size birbiri ardınca bin melek ile yardım ediyorum, diye duanıza karşılık vermişti." (el-Enfal, 8/9)
2- Ölülerle ya da huzurda bulunmayan (uzaktaki) ve yardıma gücü yetmeyen canlılardan yardım istemek (istiğâse): Bu da bir şirktir, çünkü bunu ancak böylelerinin kâinatta gizli bir tasarruf sahibi olduğuna inanan kimseler yapar. Bunun sonucunda onlara rububiyetten bir pay verir. Yüce Allah şöyle buyurmaktadır:
"Yoksa bunalmış olana kendisine dua ettiğinde duasını kabul edip, o kötülüğü gideren ve sizi yeryüzünün halifeleri yapan mı? Allah ile birlikte ilâh mı vardır? Ne kadar az düşünüyorsunuz." (en-Neml, 27/62)
3- İmdada yetişmeye gücü yeten, bilen, canlılardan yardım dilemek (istiğâse): Bu onlardan yardım istemek gibi caizdir. Nitekim yüce Allah Musa *aleyhisselam* kıssasında şöyle buyurmaktadır:
"Taraftarlarından olan, düşmanından olana karşı kendisinden yardım istedi (istiğâse)." (el-Kasas, 28/15)
4- Gizli bir gücü bulunduğuna inanmaksızın gücü yetmeyen canlı birisinden yardım ve imdat istemek (isteğâsede bulunmak): Mesela kendisine hücum eden bir düşmanı savmak maksadıyla felçli birisinden yardım istemek gibi. Böyle bir şey kendisinden yardım istenen kimse ile bir alaydır ve boş bir davranıştır. Bu sebeb dolayısıyla da yasaktır. Yasak oluşunun bir diğer sebebi de şu olabilir: Belki onun bu davranışına başkası aldanır ve kendisinden yardıma koşması istenen o kimsenin -âciz olmakla birlikte- zorlu ve sıkıntılı zamanlarda kendisi ile başkalarını kurtarabildiği gizli bir gücünün bulunduğu vehmine kapılabilir.

Rububiyyeti Kabul Yetmez

Bütün ibadet çeşitleri de yalnızca Allah'ındır. Şunu da bilmiş oldun ki; onların rubûbiyetin tevhidini kabul etmeleri İslâma girmeleri için yeterli değildir. Onların meleklere, peygamberlere yahut velilere yönelerek şefaatlerini istemeleri, bu yolla Allah'a yakınlaşmaya kalkışmaları onların kanlarının ve mallarının helâl kılınmasının asıl sebebidir. Bütün bunları bildiğimiz takdirde rasûllerin kendisine davet edip, müşriklerin de kabul etmekten kaçındıkları tevhidin ne tür bir tevhid olduğunu öğrenmiş oluruz.
Müellif *Allah'ın rahmeti üzerine olsun* rasüllerin Allah'tan alıp getirdikleri tevhidin ulûhiyyetin tevhidi olduğunu ortaya koymaktadır. Çünkü Rasûlullah *sallallahü aleyhi vesellem*'ın aralarında gönderilmiş olduğu bu müşrikler rubûbiyetin tevhidini zaten kabul ediyorlardı. Bununla birlikte Peygamber *sallallahü aleyhi vesellem* kanlarının ve mallarının mübah olduğunu belirtmiştir. Halbuki onlar meleklere ve onların dışında velilere, salih kimselere ibadet ederken bunların kendilerini Allah'a yakınlaştırmalarını istiyorlardı. Nitekim yüce Allah şöyle buyurmaktadır:

---

[6] Buhari, Edeb, Babu men kâne yu'minu billahi ve'l-yevmi'l-âhir; Müslim, İman, Babu'l-hassi alâ ikrami'l-câri ve'd-dayf.
[7] Buhari, Buyû'.

"Ondan başka veliler edinenler: 'Biz bunlara ancak bizleri Allah'a yaklaştırsınlar diye ibadet ediyoruz' derler."
(ez-Zümer, 39/3)
O halde onlar yüce Allah'ın asıl maksad olduğunu kabul ediyorlar, ancak meleklerin ve başkalarının kendilerini yüce Allah'a yakınlaştırmasını maksad olarak gözetiyorlardı. Bununla birlikte Peygamber onları tevhidin kapsamı içerisinde kabul etmemişti.

Tevhid "Lâ İlâhe İllallah" Sözünün Anlamıdır

İşte bu tevhid, "lâ ilâhe illallah" sözünün anlamını ifade eder.
"İşte bu tevhid, la ilâhe illallah sözünün anlamını ifade eder." ifadeleri şu demektir: Peygamber *sallallahü aleyhi vesellem*'in kendisine davet ettiği tevhid "la ilâhe illallah" lafzının anlamının ihtiva ettiği tevhiddir. Yani Allah'tan başka, ibadet olunmayı gerçekte hak eden, hiçbir ilah (ibadet edilen) yoktur. Onlar bunun yüce Allah'tan başka hak mabud olmadığı anlamına geldiğini, bunun Allah'tan başka yaratıcı, rızık verici, tedbir edici yahut Allah'tan başka yoktan var etmeye güç yetiren -çoğu kelamcıların dediği gibi- anlamında olmadığını biliyorlardı. Çünkü bu anlamını zaten müşrikler de inkâr ve reddetmiyorlardı. Onlar "lâ ilâhe illallah"ın manasını reddediyorlardı. Yani Allah'tan başka, ibadet olunmayı gerçekte hak eden, hiçbir ilah (ibadet edilen) yoktur, gerçeğini kabul etmiyorlardı. Nitekim yüce Allah onlardan şöylece söz etmektedir:
"Acaba o bunca ilâhlar tek bir ilâh mı yaptı? Muhakkak bu çok şaşılacak br şeydir. Onlardan ele başları: Yürüyün ve ilâhlarınıza (ibadette) direnin. Şüphesiz ki bu istenen bir şeydir, diyerek kalkıp gittiler. Biz bunu öbür dinde işitmedik, bu ancak bir uydurmadır." (Sad, 38/5-6)
Çünkü onlara göre ilâh ister kral, ister peygamber, ister veli, ister bir ağaç, ister bir kabir ya da bir cin olsun, bu maksatlar için kendisine yönelinen kimsedir. Onlar "ilah" ile Allah'ın yaratıcı, rızık veren ve müdebbir (işleri çekip çeviren) olduğunu kastetmiyorlardı. Onlar -önceden de açıkladığımız gibi- bunların yalnızca Allah tarafından gerçekleştirildiğini biliyorlardı. Onlar ilâh ile günümüzdeki müşriklerin "seyyid: efendi" lafzı ile kastettiklerini kastediyorlardı. Peygamber *sallallahü aleyhi vesellem* onlara gelip, tevhid kelimesi olan "lâ ilâhe illallah"a davet etti.
Müellif müşriklerin "la ilâhe illallah" sözleri ile Allah'tan başka bir yaratıcı ve işleri çekip çeviren yoktur, demek istenmediğini bildiklerini söylemektedir. Çünkü onlar bunun bir gerçek olduğunu biliyorlardı. Onlar bu sözün ancak "Allah'tan başka, ibadet olunmayı gerçekte hak eden, hiçbir ilah (İbadet edilen) yoktur" anlamını kabul etmiyorlardı. İşte müellifin döne dolaşa anlattığı budur. Onun bunu tekrar tekrar dile getirmesi bu gerçeği pekiştirmek ve "bizler meleklere yahutta onlardan başkalarına ancak bizleri Allah'a yakınlaştırsınlar diye ibadet ediyoruz. Yoksa bizler onların yarattıklarına ya da rızık verdiklerine inanıyor değiliz" diyenlerin kanaatlerini reddetmek için tekrarlamaktadır.

Aslolan Şehadet Kelimesinin Anlamıdır

Burada bu sözden kasıt onun manasıdır. Mücerred onun lafzı değildir. Cahil kâfirler ise Peygamber *sallallahü aleyhi vesellem*'in bu sözden maksadının yalnızca yüce Allah'a bağlanmak olduğunu, Allah'tan başka kendisine ibadet olunan bütün varlıkların inkâr edilerek onlardan uzak kalmayı ifade ettiğini biliyorlardı. O kendilerine "lâ ilâhe illallah" deyiniz deyince, onlar da:*"Acaba o bunca ilâhı bir tek ilâh mı yaptı? Muhakkak bu çok şaşılacak bir şeydir."* (Sad, 38/5) diye cevab vermişlerdir.
Müellifin *"bu söz"* ile kastettiği "lâ ilâhe illallah" sözüdür. O bu ifadelerinde de, önceki ifadelerinde olduğu gibi lâ ilâhe illallah'ın Allah'tan başka hak mabud olmadığı anlamına geldiğini, müşriklerin bu lafızdan bunu anladıklarını ve bunu söylemekten maksadın soyut olarak bunu telaffuz etmekten ibaret olmadığını, asıl maksadın Allah'tan başka hak mabud olmadığının kastedildiğini anlamışlardır. İşte bundan dolayı onlar biricik yaratıcı ve rızık vericinin Allah olduğunu inkâr etmemekle birlikte bu anlamını inkâr etmişlerdi.

Kafirlerin En Cahilleri Bile "Lâ İlâhe İllallah"ın Manasını Kavrıyorlardı

Kâfirlerin, cahillerinin bu hususu bildiklerini gördüğümüze göre, müslüman olduğunu ileri sürmekle birlikte kâfirlerin, cahillerinin bildiği anlamı ile bu sözün açıklamasını bilmeyen kimseye gerçekten hayret edilir. Hatta bu kişi, kalben, bu sözün herhangi bir anlamı ile itikadı sözkonusu olmaksızın sadece harfleriyle bunu telaffuz etmekle işin bittiğini dahi zanneder. Onlar arasından bilgili kimse ise anlamının "Allah'tan başka yaratan, rızık veren, işleri çekip çeviren yoktur"dan ibaret olduğunu zanneder. Lâ ilâhe illallah'ın anlamını kâfirlerin cahilinin kendisinden daha iyi bilebildiği bir kişide hayır yoktur.
Kâfirler, Allah'tan başka ilâh yoktur. Yani "lâ ilâhe illallah" ibaresinin, Allah'tan başka hak mabud yoktur demek olduğunu biliyorlardı. Müellif burada şunu açıklamak istemektedir! Kimi insanlar müslüman olduğunu iddia etmekle birlikte "lâ ilâhe illallah" sözünün anlamını bilmemektedirler. Çünkü onlar bunu söylemekten maksadın anlamını bilip, ona itikad etmeksizin sadece harflerini telaffuz etmekten ibaret olduğunu sanırlar.

Kimileri de bundan maksadın rubûbiyetin tevhidi olduğunu yani Allah'tan başka yaratıcı, Allah'tan başka rızık verici olmadığına inanmak olduğunu zannederler.

Kimi insanlar da bunu bu kelimeden kasıt şudur diye şöylece açıklarlar: Eşyanın zatına dair kesin yakîni çıkartıp, Allah'ın zatı hakkında doğru ve kesin yakîni yerleştirmektir. Ancak böyle bir açıklama batıldır, selef-i salih böyle bir açıklamayı bilmez. Bu açıklamadan maksat da yüce Allah'a kesin olarak inanıp, onun dışındaki varlıklar hakkındaki yakîni çıkarmak olamaz. Çünkü böyle bir şeye imkân yoktur. Zira Allah'ın dışındaki varlıklar hakkında da yakîn (kesin inanç) sabit olmalıdır:*"Andolsun siz cahimi göreceksinizdir. Yine andolsun onu ayne'l-yakîn (kesin ve tereddütsüz olarak) göreceksinizdir."* (et-Tekâsür, 102/6-7) Ayrıca maddi olarak var olan ve varlığı bilinen eşyanın varlığına yakîn ile (kesinlikle) inanmak da tevhide aykırı değildir. Kimileri de "lâ ilâhe illallah"ı Allah'tan başka mabud yoktur, diye açıklamaktadır. Bu tanım zahiri esas alınarak doğru kabul edilemez, çünkü Allah'tan başka kendilerine ibadet olunmuş başka şeyler de vardır. Buna göre böyleleri, Rasûlullah *sallallahü aleyhi vesellem*'ın aralarında peygamber olarak gönderildiği cahillerden daha cahildirler. Çünkü onların bu kelimenin anlamına dair bildiklerini günümüz cahilleri bilmemektedirler.

Allah Şirk'i Bağışlamaz

Benim sözünü ettiğim bu hususları kalbinle bilip anladığın takdirde, yüce Allah'ın hakkında *"Şüphesiz Allah kendisine eş koşulmasını mağfiret etmez. Ondan başkasını ise dileyeceğine mağfiret eder."* (en-Nisâ, 4/116) diye buyurduğu şirkin ne olduğunu da öğrenirsin, Allah'ın ta ilk rasûlden, sonuncularına kadar bütün rasûlleriyle gönderdiği ve onun dışında kimseden başkasını kabul etmediği dininin hangisi olduğunu da bilmiş olursun. Aynı şekilde insanların çoğunun bu hususta ne kadar cehalet içerisinde olduklarını da öğrenmiş olursun.

Yani sen "lâ ilâhe illallah"ın gerçek anlamını ve bu gerçek anlamının "Allah'tan başka, ibadet olunmayı gerçekte hak eden hiçbir ilah (ibadet edilen) yoktur." şeklinde olduğunu bilmiş olursun, demek istemektedir.

Müellifin *Allah ona ranmet etsin* kaydettiği âyet-i kerimenin, her türlü şirki mi kapsadığı, yoksa sadece en büyük şirke mi mahsus olduğu? hususunda ilim adamlarının farklı görüşleri vardır.

Kimisi, isterse bu Allah'tan başkası adına yemin etmek gibi küçük şirk dahi olsun, bütün şirk çeşitlerini kapsar. Şüphesiz ki Allah onu bağışlamayacaktır.

Kimisi de bu büyük şirke hastır, Allah'ın asla bağışlamayacağı şirk budur, demiştir.

Şeyhu'l-İslam İbn Teymiyye *Allah'ın rahmeti üzerine olsun* 'nin bu husustaki ifadeleri farklıdır. Kimi zaman birinci görüşü tercih etmiş, kimi zaman da ikinci görüşü tercih etmiştir.

Durum her ne olursa olsun, kesinlikle şirkten sakınmak icap eder. Çünkü ifadenin genel olması dolayısıyla bu genelin kapsamına küçük şirkin girme ihtimalini de ortaya koymaktadır. Çünkü yüce Allah'ın: *"Şüphesiz Allah kendisine eş koşulmasını mağfiret etmez"* diye buyurması nefy (olumsuz) bir cümle olup, umum ifade eder.

Yüce Allah'ın hiç kimseden başkasını kabul etmeyeceği din ise şu buyruklarda dile getirdiği gibi yalnızca Allah'a ibadet etmekten ibarettir:

"Senden önce gönderdiğimiz herbir peygambere mutlaka şunu vahyederdik: Benden başka ilâh yoktur. O halde yalnız bana ibadet edin." (el-Enbiya, 21/25)

İşte yüce Allah'ın hakkında:*"Kim İslam'dan başka din ararsa, ondan asla kabul olunmaz."* (Al-i İmran, 3/85) diye buyurduğu İslam dini de budur.

İşte bu kelimenin daha önce sözü geçen şekilde anlaşılmaması gereği ile -müellifin az önce söylediği- "bu sözün ne anlama geldiğini bilmediği halde müslüman olduğunu iddia eden kimseye hayret edilir..." şeklindeki sözlerin mahiyeti de böylelikle anlaşılmış olmaktadır.

(Bunları bilecek olursan) bunun sana iki faydası olur: Birincisi, yüce Allah'ın lutuf ve rahmeti ile sevinmek. Nitekim yüce Allah şöyle buyurmaktadır:

"De ki: Allah'ın lutfu ile ve rahmeti ile ve yalnız bunlar ile sevinsinler. Bu onların topladıklarından daha hayırlıdır." (Yunus, 10/58)

Aynı şekilde bununla ileri derecede (Allah'tan) korkmak faydasını da elde edersin.

Bu iki fayda iki şekilde elde edilir: Birincisi yüce Allah sana bu büyük söz olan "la ilâhe illallah" sözünün doğru anlamını bilme lutfunu ihsan etmiş olmaktadır. Elbetteki bu büyük bir lutuftur ve büyük bir rahmettir. Böyle bir şey dolayısıyla sevilmek de Allah'ın emrettiği bir sevinmedir. Bunun delili de müellifin de zikrettiği *"De ki Allah'ın lutfu ve rahmeti ile ve yalnız bunlar ile sevinsinler. Bu onların topladıklarından daha hayırlıdır."* (Yunus, 10/58) buyruğudur. Allah'ın kendisine ihsan etmiş olduğu ilim ve ibadet gibi övülmeye değer şeyler sebebi ile kul sevilir. Nitekim hadiste şöyle buyurulmaktadır:

"Oruç tutanın iki sevinci vardır. Birisi (bayramda) orucunu açtığı vakit, diğeri ise Rabbine kavuştuğu vakit duyduğu sevinçtir."[8]

Kişinin sağladığı diğer fayda ise büyük korkudur. Yani sözü edilen o cahillerin anlamını bilmemek ve bu konudaki büyük tehlikeye düşmek korkusudur.

---

[8] Buhari, Savm, Babu hel yekulu inni saimun iza şeteme; Müslim, Sıyam, Babu fadli's-sıyam.

Şüphesiz ki sen insanın dilinden çıkacak bir söz ile kâfir olabileceğini görmüş bulunuyorsun. Kişi bu sözü bazan bilgisizce söyleyebilir ve bilgisizliği kendisi için mazaret olmayabilir.

Müellifin *Allah ona ranmet etsin* bu cümlesi ile ilgili açıklamalarımız:

Mazeret Olmayan Cehalet

Evvela ben müellifin bilgisizliğin mazeret olmayacağı görüşünde olduğunu sanmıyorum. Ancak bu bilgisizlik kişinin hakkı işitmekle birlikte ona hiç iltifat göstermemesi ve öğrenmemeye kalkışmaması gibi öğrenmeyi terketmek suretiyle bizzat kişinin kendisinin kusuru ile olması hali -elbetteki- müstesnadır. Böyle bir kimse bilgisizliği dolayısıyla mazur kabul edilemez.

Benim müellif hakkında onun bu kanaatta olmadığını zannedişimin sebebi de şudur: Onun bilgisizliği mazeret kabul ettiğine delalet eden başka sözleri bulunmaktadır. Müellife kişi ile niçin savaşılır ve kişi ne ile kâfir olur diye sorulmuş, o da şu cevabı vermiştir:

İslamın esasları (rükünleri) beştir. Bunların ilki de iki şehadet kelimesidir, sonra diğer dört esas gelir. Bu diğer dört esası kabul etmekle birlikte gevşeklik göstererek terkedecek olursa, biz böyle birisi ile bu esasları yerine getirsin diye savaşsak dahi bunları terkettiğinden ötürü tekfir etmeyiz. İlim adamları ise inkar sözkonusu olmaksızın tembellik ederek bunları terkeden kimsenin kâfir olup olmadığı hususunda farklı görüşlere sahibtirler. Bizler bütün ilim adamlarının icma ile kabul ettiği husus dışındakilerde kimseyi tekfir etmeyiz. Bu husus ise iki şehadet kelimesidir.

Aynı şekilde biz böyle bir kimseyi gerekli tarifi yaptıktan sonra tekfir ederiz. O bilip inkar edecek olursa, o vakit biz de düşmanlarımız bize karşı birkaç türlüdür diyoruz.

Birinci tür: Tevhidin Allah'ın ve Rasûlünün bizim insanlara açıkladığımız dini olduğunu bilip, aynı şekilde insanların çoğunun benimsediği taşlar, ağaçlar ve beşer hakkındaki bu batıl inanışların Allah'a şirk olduğunu, Allah'ın Rasûlünü bunu yasaklamak, bu itikadları benimseyenlerle savaşmak üzere gönderdiğini ve dinin tümüyle yalnızca Allah'ın olmasını sağlamak üzere gönderdiğini kabul etmekle birlikte tevhide hiç iltifat etmeyip, tevhidi öğrenmez, tevhide girmez, şirki terkmetmezse böyle bir kimse kâfirdir. Küfrü sebebiyle onunla savaşırız, çünkü o rasûlün dinini bilmekle birlikte ona tabi olmamış, şirki bilmekle birlikte onu terketmemiştir. Bununla birlikte o ne rasûlün dinine, ne de bu dine girene buğzetmekte, şirki övmemekte ve bunu insanlara süslü göstermemektedir. (Böyle olsa dahi durumu değişmez.)

İkinci tür: Bunu bilmekle birlikte rasûlün dini gereğince amel etmekte olduğunu iddia etmekle beraber onun dinine sövmekle temayüz etmiş, Yusuf'a ibadet edenleri el-Eşkar'a, Ebu Ali'ye, Kuveyt ahalisinden el-Hadır'a ibadet edenleri övmekle tanınır olmuş, bunların Allah'ı tevhid edip, şirki terkedenlerden üstün gören kimseler birincisinden daha beterdir. Yüce Allah'ın:*"İşte o tanıdıkları kendilerine gelince, onu inkar ettiler. Artık Allah'ın laneti kâfirler üzerinedir."* (el-Bakara, 2/89) buyruğu böyleleri hakkındadır. Yine bu gibi kimseler yüce Allah'ın haklarında:*"Eğer ahidlerinden sonra tekrar yeminlerini bozarlar da dininize dil uzatırlarsa, küfrün önderlerini hemen öldürün. Çünkü onların yeminleri yoktur, olur ki vazgeçerler."* (et-Tevbe, 9/12) diye buyurduğu kimselerin kapsamı içerisindedir.

Üçüncü tür: Tevhidi bilmek, onu sevmek, ona uymak, şirki bilip tanımak ve terketmekle birlikte tevhide giren kimselerden hoşlanmayıp, şirk üzere kalanları seven kimseler. Böyleleri de kâfirdir. Yüce Allah'ın: *"Bu böyledir, çünkü onlar Allah'ın indirdiğini hoş görmediler. Bundan dolayı amellerini boşa çıkartmıştır."* (Muhammed, 47/9) buyruğu böyleleri hakkındadır.

Dördüncü tür: Bütün bunlardan uzak kalmakla birlikte yaşadığı ülkenin insanları açıktan açığa tevhid ehline düşmanlık etmekte, şirke uymaktadırlar. Tevhid ehli ile savaşmaya gayret gösterirler. Ancak bu kimse kendi vatanını terkedememekte, bunun için zorluklarla karşılaşmaktadır. Bunun sonucunda kendi ülke ahalisiyle birlikte tevhid ehline karşı savaşır, malıyla canıyla mücadele eder. Bu da kâfirdir, çünkü bunlar kendisine ramazan orucunu terketmeyi emredecek olurlarsa, o da ancak onlardan ayrılmak halinde ramazan orucunu tutabilecekse (ayrılmaz) ve dediklerini yapar. Eğer ona babasının hanımı ile evlenmeyi emredip, onlardan ayrılmadıkça, bu işi yapmamaya imkan bulamayacaksa (ayrılmayıp) yapar. Canıyla, malıyla onların yanında yer alıp, savaşmak hususunda onlara uyması -bununla Allah'ın ve Rasûlünün dininin sonunu getirmek istemelerine rağmen- öbüründen çok, pek çok daha büyük bir iştir. O bakımdan böylesi de kâfirdir ve bu kişi de yüce Allah'ın haklarında:*"Hem sizden emin olmak, hem kendi kavimlerinden emin olmak isteyen başka insanlar olduğunu da göreceksiniz... İşte böylelerine karşı size apaçık bir yetki verdik."* (en-Nisa, 4/91) diye buyurduğu kimseler arasında yer alır. İşte bizim söylediğimiz budur.

(Bize) yapılan iftiralara ve hakkımızda uydurulan yalanlara gelince, böylelerinin (hakkımızda) söyledikleri sözler olan: Biz genel olarak herkesi tekfir ederiz ve dinini açığa vurabilen kimselerin bizlere hicret etmelerini farz kabul ederiz, kâfir olmayanı ve bizimle savaşmayanı tekfir ederiz gibi iddialara gelince, bu ve benzeri daha pek çok iddialar vardır ki bunların hepsi söylenen yalan ve yapılan iftiralardır. Bunlarla insanları Allah'ın ve Rasûlünün dininden alıkoymaya çalışırlar.

Bizler Abdu'l-Kadir Geylâni'nin üzerindeki puta ibadet edenleri, Ahmed el-Bedevi'nin kabri üzerindeki puta ve benzerlerine ibadet edenleri dahi cahillikleri ve onların dikkatlerini çekecek ve uyaracak kimse bulunmadığından

dolayı tekfir etmediğimize göre Allah'a şirk koşmayıp, bize hicret etmeyen yahutta kâfir de olmayan, müslümanlara karşı da savaşmayan kimseleri nasıl tekfir ederiz.
"Seni tenzih ederiz. Bu büyük bir iftiradır." (en-Nur, 24/16)
Bizler Allah'a ve Rasûlüne karşı sınır mücadelesine girdikleri için bu dört tür kimseleri tekfir ediyoruz. Durumuna bakan ve yanında cennet ve cehennem bulunan Allah'ın huzuruna çıkacağına inanan bir kimseye Allah rahmetini ihsan etsin. Allah Muhammed'e, onun aile halkına, ashabına salat ve selam eylesin.

Mazeret Olan Cehalet

Cahilliğin mazaret teşkil etmesi meselesindeki görüş ayrılığı fıkhi ve içtihadi diğer ihtilaflar gibidir. Belki bu hükmün belirli bir şahsa uygulanması noktasında bazı hallerde sadece lafzi bir ihtilaf dahi olabilir. Yani hepsi bu sözün yahut bu fiilin ya da şu işi terketmenin küfür olduğunu görüş birliği ile kabul etmekle birlikte acaba bu hüküm şu muayyen kişi hakkında uygulanabilir mi? Uygulanamaz mı? Böyle bir ayrılığa sebeb ise o kimsenin hakkında o hükmü vermeyi gerektiren hususun bulunması ile o hükmü vermemeyi engelleyen bir hususun bulunmaması yahutta bazı gerektirici vasıfların bulunmaması ya da bazı engellerin varlığı dolayısıyla verilememesidir. Bunun da sebebi küfre götüren hususu bilmemek (bu husustaki cahillik)in iki tür olmasıdır:
1- Bu cehalet İslamdan başka bir dine mensub yahutta hiçbir dine mensub olmayan bir kişinin hatırına izlemekte olduğu yola muhalif bir dinin bulunduğunun gelmemesi halidir. Böyle bir kimseye dünyada zahirine göre ahkam uygulanır. Ahirette ise işi yüce Allah'a kalmıştır. Tercih edilen görüşe göre de böyle bir kimse ahirette yüce Allah'ın dilediği bir şekilde imtihan edileceğidir. Esasen yüce Allah kimlerin ne tür amel edecek durumda olduklarını en iyi bilendir. Şu kadar var ki bizler şunu kesinlikle bilmekteyiz ki cehenneme ancak bir günah dolayısı ile girilir. Buna gerekçe de yüce Allah'ın:*"Rabbin hiçbir kimseye zulmetmez."* (el-Kehf, 18/49) buyruğudur.
Böyle birisine dünyada zahir olan ahkam uygulanır. Bunlar da zaten küfür ahkamıdır ki, bunu dememizin sebebi bu kişinin İslam dinini kabul eden bir kimse olmamasından dolayıdır. Böylesine İslam dinini kabul edenin hükmü verilemez. Tercih edilen görüşe göre böyle birisi ahirette imtihan edilecektir dememizin sebebi ise bu hususta pekçok rivayetin gelmiş olmasıdır. Bu rivayetleri İbnu'l-Kayyum *rahimehullah* "Tariku'l-Hicreteyn" adlı eserinde müşriklerin çocuklarının durumuna dair sekizinci görüşü açıklarken bunların ondördüncü tabakası ile ilgili yaptığı açıklamalarda kaydetmiş bulunmaktadır.
2- Bu bilgisizlik İslam dinini kabul eden bir kimse tarafından olmakla ve o küfre götüren bu hal üzere yaşamakla birlikte bunun İslama muhalif olduğu hatırına gelmez, hiçbir kimse de bu hususta onun dikkatini çekmemiş ise böyle birisine zahiren İslam ahkamı uygulanır. Ahirette ise işi yüce Allah'a kalmıştır. Kitab, sünnet ve ilim ehlinin görüşleri de buna delil teşkil etmektedir.
Buna dair kitabın delillerinden bazıları:
"Biz bir rasûl göndermedikçe, azab ediciler değiliz." (el-İsra, 17/15)
"Rabbin ana şehirlerine kendilerine âyetlerimizi okuyan bir peygamber göndermedikçe ülkeleri helak edici değildir ve biz ahalisi zalimler olmadıkça ülkeler helak edenler değiliz." (el-Kasas, 28/59)
"Müjdeleyici ve korkutucu peygamberler olarak (gönderdik) ki insanların peygamberlerden sonra Allah'a karşı ileri sürecekleri bir delilleri olmasın." (en-Nisa, 4/165)
"Biz gönderdiğimiz herbir peygamberi kendilerine apaçık anlatsın diye ancak kendi kavminin diliyle gönderdik. Artık Allah kimi dilerse saptırır, kimi dilerse de doğru yola iletir." (İbrahîm, 14/4)
"Allah bir kavme hidayet verdikten sonra sakınacakları şeyleri kendilerine apaçık bildirmedikçe onları saptırmaz." (et-Tevbe, 9/115)
"İşte bu indirdiğimiz mübarek bir kitabtır. Öyleyse ona uyun ve (ona aykırılıktan) sakının ki merhamet olunasınız. Bizden önce kitab yalnız iki topluluğa indirildi ve biz onların okuduklarından habersiz kimselerden idik demeyesiniz diye (size Kur'ân'ı indirdik). Yahut: Bize de bir kitab indirilseydi, elbette onlardan daha çok hidayet üzere olurduk demeyesiniz diye. İşte size Rabbinizden apaçık bir belge, bir hidayet ve bir rahmet gelmiştir." (el-En'am, 6/165-167) ve buna benzer gerekli ilim gelip, gerekli açıklama da yapılmadıkça karşı delilin ortaya konulmuş olmayacağına delalet eden daha başka âyetler de vardır.
Sünnetten delile gelince, Sahih-i Müslim'de (I, 134) Ebu Hureyre *radıyallahu anh.*'dan gelen rivayete göre Peygamber *sallallahü aleyhi vesellem* şöyle buyurmuştur:
"Muhammed'in canı elinde bulunana yemin olsun ki bu ümmetten -davet ümmetini kastediyor- yahudi olsun, hristiyan olsun beni (peygamberliğimi) işitir de kendisi ile gönderildiğim şeye iman etmeksizin ölürse, mutlaka cehennemliklerden olur."
İlim ehlinin bu husustaki ifadelerine gelince: el-Muğni (VIII, 131)'de şöyle demektedir: "Eğer bu kişi İslama yeni girmiş yahut dar-ı İslam'dan başka bir yerde yetişen ya da şehirlerden ve ilim ehlinden uzak çölde yaşayan bir kimse gibi farziyeti bilmeyen birisi ise onun küfrüne hükmedilmez."
Şeyhu'l-İslam İbn Teymiyye fetvalarında (III, 229, İbnu'l-Kasım'ın derlediği fetvalarında) şöyle demektedir: "Her zaman için ben -benimle oturup kalkan, benim bu durumumu bilir- insanlar arasında muayyen bir kimsenin küfre, fasıklığa veya masiyete nisbet edilmesini en çok yasaklayanlardan birisiyim. Ancak eğer o kimseye karşı

muhalefet edenin kimi zaman kâfir, kimi zaman fasık, kimi zaman da isyankar olarak anıldığına dair peygamber risaletinden olan bir delil ikame edilmiş olması hali müstesna. Çünkü yüce Allah bu ümmetin hatasını bağışlamıştır. Bu kavli ve haberi meselelerdeki hatayı da, ilmi meselelerdeki hatayı da kapsar. Selef ise bu gibi meselelerin birçoğu hakkında tartışıp, durmuştur. Buna karşılık onlardan hiçbir kimse diğerinin kâfir olduğuna, fasık olduğuna ya da masiyet işlediğine tanıklık etmemiştir. -İbn Teymiyye devamla nihayet şunları da söyler:- Ben seleften ve imamlardan nakledilen kim bunu söylerse, kâfir olur diyen ifadelerin de aynı şekilde hak olduğunu da açıklıyordum. Fakat burada mutlak ifade kullanmak ile belirli kimselerin tayini arasında ayırım gözetmek gerekmektedir. -Devamla şunları söyler:- Tekfir tehdit kapsamı içerisindedir. Her ne kadar (küfrü gerektiren) sözü söylemek Rasûlullah *sallallahü aleyhi vesellem*'ın söylediğini yalanlamak ise de bu (sözü söyleyen) kişi yeni İslama girmiş yahut (ilimden) uzak bir çölde yaşamış bir kimse olabilir. Böyle bir kimse ise - ona karşı delil ortaya konulmadıkça- bir şeyi inkar sebebiyle kâfir olmaz. Çünkü bu adam o nasları işitmemiş yahut işitmişde kendisince sabit olmamış yahutta -hatalı olsa dahi- o nassın tevil edilmesini gerektiren, o nassa karşıt gibi gördüğü bir başka nass sebebiyle o kanaati benimsememiş olabilir.

Şeyhu'l-İslam Muhammed b. Abdülvahhab ed-Dureru's-Seniyye adlı eserinde (I, 56) şunları demektedir: "Tekfire gelince, ben Allah Rasûlünün dinini bilip tanıdıktan sonra, ona söven, insanları ondan alıkoyan ve onun gereğini yerine getirenlere düşmanlık eden kimseleri tekfir ediyorum, benim tekfir ettiğim şahıs budur." 56. sahifede de şunları söylemektedir: "Yalan ve iftiralara gelince, onlar bizim genel olarak tekfir ettiğimizi ve dinini açığa vurabilen kimseler için dahi hicreti vacib gördüğümüzü söylerler. Bütün bunlar onların (bu iftiracıların) insanları Allah'ın ve Rasûlünün dininden kendisiyle alıkoymak istedikleri yalan ve iftiralar arasındadır. Bizler cahillikleri ve kendilerini uyaracak kimse bulunmadığı için Abdulkadir'in üzerindeki puta, Ahmed el-Bedevi'nin üzerindeki puta ve benzerlerine ibadet edenleri dahi tekfir etmediğimize göre Allah'a şirk koşmayıp, bize hicret etmeyen kimseyi ya da küfre sapmayıp (müslümanlara karşı) savaşmayan kimseyi nasıl tekfir edebiliriz?"

Kitabın ve sünnetin naslarının ilim ehlinin sözlerinin gereği bu olduğuna göre Allah'ın hikmetinin lutuf ve merhametinin gereği de Allah'ın ileri sürecek bir mazareti kalmadıkça kimseyi asla azab etmeyeceğidir. Akıllar bağımsız olarak Allah'ın lehine gerekli hakları (yani Allah'a karşı vazifeleri) bilemezler. Eğer akıllar bağımsız olarak bunu bilebilecek durumda olsalardı, delilin ortaya konulması rasûllerin gönderilmesine bağlı olmazdı.

Aksine Delil Olmadıkça Kişinin Müslümanlığı Devam Eder

O halde İslama intisab eden kimsede aslolan şer'î delil gereği bunun ortadan kalktığı tahakkuk etmedikçe müslümanlığının devam etmesidir. Böyle bir kimsenin tekfirinde işi gevşek tutmak caiz değildir. Bunun iki büyük sakıncası vardır:

1- Gerek hüküm vermekte, gerekse hakkında hüküm verilen kimse hakkında -kendisini tenzih ettiğimiz niteliği hususunda- yalan ve iftirada bulunmak.

Bunun Allah'a yalan ve iftira olduğu açıktır. Çünkü Allah'ın kâfir kılmadığı bir kimsenin kâfir olduğuna hükmetmek tıpkı Allah'ın helal kıldığını, haram kılmaya benzer. Zira bir kimsenin kâfir olup olmadığına dair hüküm vermek tıpkı bir şeyin haram olup olmadığına dair hüküm vermekte olduğu gibi yalnızca Allah'ın hakkıdır.

2- İkinci sakıncaya gelince, bu müslüman bir kimseyi zıt bir vasıf ile nitelendirmektir. Böyle bir kimse bu vasıftan uzak olduğu halde onun hakkında kâfirdir denilir. Bu şekilde başkasını niteleyen kimseye bu küfür niteliğinin dönüp onu bulması daha uygundur. Çünkü Müslim'in, Sahih'inde yer alan rivayete göre Abdullah b. Ömer -Allah ikisinden de razı olsun- Peygamber *sallallahü aleyhi vesellem*'in şöyle buyurduğunu zikretmektedir: *"Kişi kardeşini tekfir edecek olursa, o ikisinden birisini gelip bulur."* Bir rivayette de şöyle denilmektedir: *"Eğer dediği gibi ise mesele yok. Aksi takdirde ona döner."* Yine Müslim'de Ebu Zerr *radıyallahu anh.*'dan gelen rivayete göre Peygamber *sallallahü aleyhi vesellem* şöyle buyurmuştur: *"Bir kimse birisini kâfir diye çağırır yahut ona Allah'ın düşmanı diyecek olur da böyle olmazsa mutlaka o sözü gelip onu bulur."* Yani o söz ona döner.

İbn Ömer'in rivayet ettiği hadisteki *"eğer dediği gibi ise"* ifadesi yüce Allah'ın hükmünde böyle ise demektir. Yine Ebu Zerr'in rivayet ettiği hadiste *"böyle değilse"* yüce Allah'ın hükmünde böyle değilse demektir.

Bu ikinci sakınca yani eğer hakkında kâfir dediği şahıs bundan uzak ise küfür vasfının diyene geri dönmesi gerçekten büyük bir mahzurdur ve kişiyi böyle bir tehlikeye düşmekle karşı karşıya bırakır. Çünkü çoğunlukla görülen şudur: Bir müslümanı kâfirlikle nitelendirmekte elini çabuk tutan bir kimse amelini beğenen başkasını küçümseyen bir kimsedir. Bunun sonucunda bu şahıs amelinin boşa çıkması sonucunu verebilecek şekilde amelini beğenmek ve yüce Allah'ın cehennem ateşinden azab görmeyi gerektiren kibri bir arada kendisinde toplamış bir kimsedir. Nitekim Ahmed ve Ebu Davud'un zikrettikleri bir hadiste belirtildiğine göre Ebu Hureyre *radıyallahu anh.* Peygamber *sallallahü aleyhi vesellem*'in şöyle buyurduğunu zikretmektedir: *"Yüce Allah buyurdu ki kibriya (büyüklük ve azamet) benim ridamdır, azamet izarımdır. Bunların herhangi birisinde kim benimle çekişirse, ben de onu cehennem ateşine atarım."*[9]

---

[9] İmam Ahmed, el-Müsned, II, 376; Ebu Davud, Libas, Bab-u ma cae fi'l-kibr, İbn Mace, Zühd, Babu'l-beraeti mine'l-kibr.

Tekfir'e Mani Olan Şeyler

O halde bir kimsenin küfrüne hüküm vermeden önce şu iki husus üzerinde dikkatle durulması gerekmektedir:
1- Yüce Allah'a karşı yalan iftirada bulunmamak için o işin küfre götürücü olduğuna kitab ve sünnetin delaleti var mı?
2- O hükmün muayyen kişi hakkındaki tekfir şartlarının tam olup, tekfire engel hususların da hiçbir şekilde bulunmayacak şekilde muayyen kişi hakkında uyup uymadığına bakmak.
En önemli şartlardan birisi de o kişinin kâfir olmasını gerektiren muhalefetini (aykırı davranışını) bilen birisi olmasıdır. Çünkü yüce Allah şöyle buyurmaktadır:
"Kim kendisine doğru yol apaçık belli olduktan sonra peygambere karşı gelir, mü'minlerin yolundan başkasına uyup giderse, onu döndüğü o yolda bırakır ve cehenneme atarız. O ne kötü bir dönüş yeridir." (en-Nisa, 4/115)
Görüldüğü gibi burada cehennem ateşiyle cezalandırılması için rasûle karşı ayrılıkçı tavır takınmanın o kimse için hidayetin apaçık ve besbelli oluşundan sonra şartına bağlanmıştır.
Ancak yaptığı muhalif hareketin sonucu olarak küfür yahut bir başka şey mi gerektiğini bilmesi şart mıdır yoksa bunun neyi gerektiğini bilmese dahi sadece aykırı hareket ettiğini bilmesi yeterli midir?
Cevab ikincisidir, yani onun muhalif (aykırı) hareket ettiğini bilmesi bu muhalefetin gerektirdiği hükmü vermek için yeterlidir. Çünkü Peygamber *sallallahü aleyhi vesellem* ramazan günü oruçlu iken cimada bulunan kimseye keffaretin gerekliliğine hükmetmiştir. Böyle bir kimse keffaret gerektiğini bilmemekle birlikte oruca muhalif hareket ettiğini bilen bir kimsedir. Diğer taraftan zinanın haram olduğunu bilen muhsan bir kimse zina ettiği takdirde zinasının gerektirdiği cezayı bilmeyen bir kişi olsa dahi recm edilir. Halbuki bilmiş olsaydı belki de zina etmeyebilirdi.
Kişinin kâfir olduğuna hükmetmenin engellerinden birisi de küfrü gerektiren hususu işlemeğe zorlanmasıdır. Çünkü yüce Allah şöyle buyurmaktadır:
"Kalbi imanla dolu olduğu halde zorlanan kimseler müstesna olmak üzere kim imandan sonra Allah'ı tanımaz ve küfre göğüs açarsa, işte Allah'ın gazabı onların üzerinedir ve onlar için çok büyük bir azab da vardır." (en-Nahl, 16/106)
Kişinin aşırı sevinç, keder, kızgınlık, korku ya da buna benzer herhangi bir sebeb dolayısıyla ne söylediğini bilmeyecek kadar düşünce ve maksadının tamamıyla ortadan kalkması hali de tekfir hükmünü vermenin engellerindendir. Çünkü yüce Allah şöyle buyurmaktadır:
"Hata etmenizden dolayı size bir günah yoktur ama kalblerinizin kastettiği müstesnadır. Allah çok bağışlayandır, çok merhamet edendir." (el-Ahzab, 33/5)
Müslim'in, Sahih'inde (s. 2104'de) Enes b. Malik *radıyallahu anh.*'dan Peygamber *sallallahü aleyhi vesellem*'in şöyle buyurduğu rivayet edilmektedir:
"Allah'ın kulunun tevbesi dolayısıyla kulu tevbe edip kendisine dönüşünden ötürü sevinci bir çölde devesi üzerinde bulunan sonra da yiyeceği, içeceği üzerinde iken devesini elinden kaçırıp, ondan ümit kestiğinden ötürü bir ağaca varıp, gölgesinde bineğinden ümit kesmiş haliyle yatıp uzanmışken ansızın devesini yanıbaşında gören ve yularından tutarak aşırı sevincinden hata ve yanlışlıkla: Allah'ım sen benim kulumsun, ben de senin Rabbinim diyen ve (sevincinden ne dediğini bilemeyecek hale gelen) kimsenin sevincinden daha çok sevinir."
Küfre götürdüğü kabul edilen hususda kişinin hak üzere olduğunu zannedecek şekilde tevilde bulunması şeklinde bir şüphe olması da küfrüne hükmetmenin engellerindendir. Çünkü böyle bir kişi kasti olarak günah işlememekte, muhalefette bulunmamaktadır. Dolayısıyla böyle bir kişi yüce Allah'ın:*"Hata etmenizden dolayı size bir günah yoktur ama kalblerinizin kastettiği müstesnadır."* (el-Ahzab, 33/5) buyruğundaki kastın kapsamına girmez. Çünkü böyle bir kimsenin bu kanaati ortaya koyduğu gayretinin bir sonucudur. O bakımdan bu şahıs yüce Allah'ın:*"Allah hiçbir kimseye gücünün yeteceğinden başkasını yüklemez."* (el-Bakara, 2/286) buyruğunun kapsamına girer.
el-Muğni (VIII, 131)'de (İbn Kudâme) şöyle demektedir: "Eğer günahsız kimselerin öldürülmesini, şüphe ve tevil sözkonusu olmaksızın mallarının alınmasını helal kabul ederse, yine aynı durumdadır. -Yani kâfir olur.- Şâyet hariciler gibi bir tevilleri olursa, fukahanın çoğunluğunun -onlar müslümanların kanlarını ve mallarını helal kabul etseler dahi- kâfir olduklarına hüküm vermediklerini daha önceden zikretmiş bulunuyoruz. Onlar yaptıkları bu işleriyle yüce Allah'a yakınlık kazandıklarını dahi kabul ederler... -Devamla der ki-: Haricilerin ashabdan ve onlardan sonrakilerden pek çok kimseyi tekfir ettikleri, kanlarını, mallarını helal bildikleri ve onları öldürmekle Allah'a yakınlaşacaklarına inandıkları şeklindeki görüşleri bilinen bir husustur. Bununla birlikte fukaha -tevilleri sebebiyle- onların kâfir olduklarına hüküm vermemiştir. Aynı şekilde bu türden bir tevil ile bir haramı helal kabul eden herkes de böylece değerlendirilir."
Şeyhu'l-İslam İbn Teymiyye, İbn Kasım tarafından derlenen fetvalarında (XIII, 30) şöyle demektedir: "Haricilerin ortaya koydukları bid'atin tek sebebi Kur'ân-ı Kerim'i yanlış anlamalarıdır. Onlar Kur'ân'a ters düşmek maksadını gütmemişlerdir, fakat Kur'ân-ı Kerim'den delalet etmediği sonuçlar çıkartmışlar ve böylelikle onlar Kur'ân'ın günahkarları tekfir etmeyi gerektirdiğini sanmışlardır."

Yine aynı cilt, sahife 210'da da şunları söylemektedir: "Hariciler Kur'ân-ı Kerim'in kendisine uyulmasını emrettiği sünnete muhalefet ettiler. Dost edinilmelerini emretmiş olduğu müminleri tekfir ettiler... Kur'ân-ı Kerim'in müteşabih buyruklarına uymaya ve onu anlamını bilmedikleri, ilimde derinlikleri olmadan, sünnete uymadan, Kur'ân'ı iyice anlayan müslüman cemaate de başvurmadan bilgisizce Kur'ân'ın bu müteşabihlerini tevil etmeye koyuldular."

Yine sözü geçen fetvalarında (XXVIII, 518) şunları söylemektedir: "Haricilerin yerileceğine ve sapık olduklarına ittifakla görüş belirten imamlar onların kâfir kabul edilip, edilmeyecekleri hususunda meşhur iki farklı görüş ortaya atmışlardır." Fakat (VII, 217'de) de şunları belirtmektedir: Ashab-ı kiram arasında Ali b. Talib olsun, başkası olsun onları tekfir eden bir kimse olmamıştır. Aksine onlar hakkında haddi aşan, zalimlik yapan müslümanlar hakkında verdikleri hüküm neyse o hükmü vermişlerdir. Nitekim bir başka yerde onlardan gelmiş olan -zikrettiğimiz- rivayetlerde de bu husus belirtilmiştir.

XXVIII, 518'de de şöyle demektedir: "Şüphesiz ki bu Ahmed ve daha başka diğer imamlarda açıkça zikredilen ifadedir." III, 282'de de şunları söylemektedir: "Peygamber *sallallahü aleyhi vesellem*'in kendileriyle savaşılmasını emrettiği dinden uzaklaşan hariciler ile müminlerin emiri raşid halifelerden birisi olan Ali b. Ebi Talib savaşmıştır. Ashab-ı Kiramın, tabiînin ve onlardan sonraki din alimlerinin hepsi onlarla savaşılacağı üzerinde ittifak etmişlerdir. Bununla birlikte Ali b. Ebi Talib, Sad b. Ebi Vakkas ve ashab-ı kiramdan diğerleri onların kâfir olduklarını söylememişlerdir. Aksine müslümanlarla savaşmalarına rağmen onları müslüman olarak değerlendirmişlerdir ve haram olan kanı döküp, müslümanların mallarına haksızca baskınlar düzenleyinceye kadar onlarla savaşmamışlardır. Onlarla savaşmalarına sebeb ise zulüm ve saldırganlıklarını önlemek içindi, kâfir olduklarından dolayı değildi. Bundan dolayı onların kadınları, çocukları esir alınmaz, malları ganimet alınmaz. Nas ve icma ile sapıklıkları sabit olmuş, Rasûlullah *sallallahü aleyhi vesellem* onlarla savaşmayı emretmiş olmakla birlikte bunlar kâfir olmadıklarına göre kendilerinden daha bilgin kimselerin dahi yanlışlığa düştükleri birtakım meselelerde hakkı kestiremeyen farklı kesimler (mezhebler ve görüş sahibleri)nin durumu nasıl olacak? Elbetteki bu kesimlerden birisinin diğerini tekfir etmesi, kanını, malını helal kabul etmesi helal değildir. İsterse bunlarda bid'at olduğu muhakkak olarak bilinen bir taraf bulunsun. Hele o kesimi tekfir eden taifenin kendisi de bid'atçi olursa, bazan bu tekfircilerin bid'ati daha ağır dahi olabilir. Çoğunlukla görülen durum şu ki bunlar hakkında anlaşmazlığa düştükleri hususun gerçek mahiyetini bilmeyen cahillerdir... Müslüman savaşmakta yahut kâfir olarak kabul etmekte tevil kullanmakta ise bundan dolayı da tekfir edilmez."

Daha sonra aynı cildin 288. sahifesinde şunları söylemektedir:

"Allah ve Rasûlünün hitabının hükmü tebliğden önce kulların hakkında sabit olup olmayacağı hususunda ilim adamlarının -gerek İmam Ahmed'in mezhebinde, gerekse başkalarının kanaatine göre- üç farklı görüşü vardır... Sahih olan ise Kur'ân-ı Kerim'in şu buyruklarının delalet ettiği husustur:

"Biz bir rasûl göndermedikçe de azab ediciler değiliz." (el-İsra, 17/15)

"Müjdeleyici ve korkutucu peygamberler olarak (gönderdik) ki insanların peygamberlerden sonra Allah'a karşı bir bahaneleri olmasın." (en-Nisa, 4/165)

Buhari ve Müslim'de Peygamber *sallallahü aleyhi vesellem*'in şöyle buyurduğu kaydedilmektedir: "Allah'tan daha çok (başkasını) mazur görmeyi seven hiçbir kimse yoktur. İşte bundan dolayı o rasûlleri müjdeleyiciler ve korkutucular olmak üzere göndermiştir."[10]

Hulasa cahil küfür olan söz ya da yaptığı işlerden dolayı mazurdur. Nitekim fasıklık olduğunu bildiği söz yahut fiillerinde de mazur olacağı gibi. Bunun böyle olması da kitab, sünnet, kıyas ve ilim ehlinin görüşlerinden anlaşılmaktadır.

Kişi bazan o sözü kendisini yüce Allah'a yakınlaştıracağı zannı ile de söyleyebilir. Nitekim müşrikler de böyle zannediyorlardı. Özellikle bu hususta yüce Allah'ın bizlere nakletmiş olduğu -salih kimseler olmalarına, bilgili kişiler olmalarına rağmen- kavmi ona gelerek: *"Onların nasıl ilahları varsa sen de bize böyle bir ilah yap."* (el-A'raf, 7/138) dediklerini biliyoruz. İşte o vakit senin (böyle bir tehlikeden) korkun büyür ve bu ve benzeri hallerden seni kurtaracak şeyleri bilmeye arzun artar.

Müellif iki husustan sakındırdı. Bunlardan birisi insanın kendisi adına bu (sapık) kimselerin tevhidin anlamı hakkındaki yanlış zanlarına kapılmak korkusudur. Onların anlayışına göre tevhid yaratıcı, rızık verici ve idare edicinin sadece Allah olduğunu kabul etmekten ibaret olduğunu zannetmişlerdir. Bu husustan sakındırdıktan sonra insana düşen görevin her zaman için (böyle bir tehlikeden) korkmak olduğunu açıklamaktadır. Sonra da Musa *aleyhisselam*'a:*"Onların nasıl ilahları varsa, sen de bize öyle bir ilah yap."* diyen Musa'nın kavminin halini sözkonusu etmektedir. Musa onlara şöyle demişti: *"Siz gerçekten cahillik eden bir topluluksunuz. Şüphesiz ki onların içinde bulundukları (hal) yok olmaya mahkumdur ve yapmakta oldukları da batıldır."* (el-A'raf, 7/138-139)

Böylelikle onların Musa *aleyhisselam*'dan gördükleri kavmin bir tanrıları olduğu gibi kendilerine de bir tanrı yapmasını istemelerinin cahillikten ileri geldiğini açıklamaktadır. Bu durum ise insanın kendisi adına sapıklıklarda ve cahilce anlayışlarda kaybolmaktan korkması sonucunu getiriyor. Çünkü bir kimse "la ilâhe illallah" lafzının ondan başka yaratıcı, rızık verici ve idare edici olmadığını zannedecek olursa, işte müellifin

---

[10] Buhari, Tevhid, Peygamber *sallallahü aleyhi vesellem*'in: "Allah'tan daha gayretli (kıskanç) bir şahıs yoktur" buyruğu; Müslim, Lian.

söylediği ve sakındırdığı durum ortaya çıkar. Tevhide dair söz söyleyen kelamcıların çoğunun içine düştüğü bu hal gerçekleşir. Çünkü onlar "la ilâhe illallah"ın anlamı Allah'tan başka yaratıcı ve yaratmaya kadir kimse yoktur demişlerdir ve bu büyük sözü müslümanlardan hiçbir kimsenin anlamadığı batıl bir şekilde açıklamışlardır. Hatta müslüman olmayanlar dahi Rasûlullah *sallallahü aleyhi vesellem*'ın peygamber olarak aralarında gönderildiği müşrikler dahi bu kelimenin anlamının söz edilen kelamcıların bildiklerinden daha fazla bildiklerini görüyoruz.

Peygamberlerin Düşmanları

Şunu bilelim ki yüce Allah'ın bu tevhid ile göndermiş olduğu herbir peygamberin karşısına mutlaka birtakım düşmanların dikilmiş olması, O'nun hikmetlerindendir. Nitekim yüce Allah şöyle buyurmaktadır:
"Biz her peygambere ins ve cin şeytanlarını böylece düşman kıldık. Onlardan kimi kimine aldatmak için yaldızlı birtakım sözler fısıldarlar." (el-En'am, 6/112)
Müellif bu sözleriyle oldukça önemli bir hususa dikkat çekmektedir. Burada yüce Allah'ın hikmetinin bir gereği olarak göndermiş olduğu herbir peygambere de insan ve cinlerden birtakım şeytanları mukadder kılmış olduğunu açıklamaktadır. Çünkü düşmanın varlığı hakkı arındırır ve onun açık seçik ortaya çıkmasını sağlar. Ne kadar karşıt kimse ortaya çıkarsa, ötekinin delili güç kazanır. Yüce Allah'ın peygamberler için takdir etmiş olduğu bu durum aynı şekilde onların peşinden gidenler için de sözkonusudur. Peygamberlerin izinden gidenlerin hepsi de peygamberlerin karşı karşıya kaldıkları hallerin benzeri ile karşı karşıya kalırlar. Yüce Allah şöyle buyurmaktadır:
"Biz her peygambere ins ve cin şeytanlarını böylece düşman kıldık. Onlardan kimi kimine aldatmak için yaldızlı birtakım sözler fısıldarlar." (el-En'am, 6/112)
Bir başka yerde de şöyle buyurmaktadır:
"İşte böylece biz her peygambere günahkarlardan düşmanlar kıldık. Yol gösteren ve yardım eden olarak sana Rabbin yeter." (el-Furkan, 25/31)
Bu günahkarlar peygamberlere, onların izinden gidenlere ve getirdiklerine iki husus ile saldırıp, hücum ederler:
1- Şüpheler uyandırmak.
2- Düşmanlık ederek saldırılar yapmak.
Şüpheler uyandırmak suretiyle yapılan saldırılara karşılık olarak yüce Allah peygamberlerin düşmanları tarafından saptırılmak istenen kimseler için "yol gösteren... olarak sana Rabbin yeter" diye buyurmaktadır.
Haksızca yapılan saldırılar karşılığında da yüce Allah şöyle buyurmaktadır: Peygamberin düşmanlarının yolundan alıkoymak istediği kimselere "yardım eden olarak Rabbin sana yeter" diye buyurmaktadır.
O halde yüce Allah peygamberlere, onlara uyanlara hidayet verir, düşmanlarına karşı onlara yardım eder. İsterse bu düşmanları en güçlü düşmanlar olsun. Bizim düşmanların çokluğundan ve hakka karşı direnenlerin güçlü oluşlarından dolayı ümitsizliğe kapılmamız gerekir. Çünkü hak İbnu'l-Kayyum'ın dediği gibi:
"Hak yardıma mazhar olur, bununla birlikte sıkıntılarla sınanır.
Buna hayret etme o halde, işte bu Rahmanın sünnetidir."
O halde bizim ümitsizliğe kapılmamız caiz değildir. Aksine nefesimizi uzun tutmamız ve güzel akıbeti gözetlememiz gerekir. Güzel akıbet takva sahiblerinin olacaktır. Umut dava yolunda devam etmek için, onun başarısı uğrunda çalışmak için güçlü bir itici güçtür. Diğer taraftan ümitsizlik ise dava uğrunda başarısızlığa ve gerilemeye sebebtir.

Tevhid Düşmanları'nın Şüpheleri

Bazan tevhide düşman olanların pekçok ilimleri, kitabları ve delilleri de bulunabilir. Nitekim yüce Allah şöyle buyurmaktadır:
"Peygamberleri onlara apaçık deliller ile geldiğinde onlar yanlarındaki ilim dolayısı ile şımardılar." (el-Mumin, 40/13)
Yani peygamberlerle mücadele edip, onları yalanlayan düşmanlarının pekçok ilimleri, kitabları ve delil diye adlandırıp, insanlara karşı gerçeği gizledikleri, hakkı batıla karıştırdıkları birtakım şüpheleri bulunabilir. Nitekim yüce Allah şöyle buyurmaktadır:
"Peygamberleri onlara apaçık deliller ile geldiğinde onlar yanlarındaki ilim dolayısı ile şımardılar ve alay edegeldikleri şey onları kuşatıverdi." (el-Mumin, 40/83)
Böyle bir sevinmek (şımarmak) yerilmiş bir şeydir. Çünkü Allah'ın razı olmadığı bir şey dolayısıyla sevinci ifade eder. Dolayısıyla bu yerilen sevinç türünden (yani şımarıklık) olur.
Müellif bu cümlesi ile şuna işaret etmektedir: Bu düşman kesimlerin sahib oldukları bilgi ve şüphelerin neler olduğunu onlara kendi silahlarıyla karşılık vermek üzere bilmemiz gerekir. Bu da Peygamber *sallallahü aleyhi*

vesellem'in rehberlik ettiği hususlar arasındadır. Bundan dolayı o Muaz'ı Yemen'e gönderdiğinde ona şöyle demişti: *"Sen kitab ehli olan bir kavme gidiyorsun."*[11]

Buna sebeb ise onlar için gerektiği gibi hazırlanması ve getirdikleri ile onlara karşı cevab verebilmek için kendilerindeki kitabın bilgisini bilmesi, öğrenmesi içindi.

Bu gerçeği bildiğimize yüce Allah'a giden yolun başında duran, açık seçik konuşan, bilgi ve belge sahibi birtakım düşmanlarının varlığının kaçınılmaz olduğunu bildiğimize göre bize düşen görev Allah'ın dinini bu şeytanlara karşı kendisi ile savaşacağımız silahı teşkil edecek şekilde bilmek görevimiz olarak ortaya çıkmaktadır. Bu şeytanların önderleri ve onların başlarını çeken yüce Rabbimize şöyle demişti:

"Andolsun senin doğru yolunda onlara engel olacağım. Sonra andolsun önlerinden, arkalarından, sağlarından, sollarından onlara sokulacağım. Böylece çoğunu şükredenlerden bulamayacaksın." (el-A'raf, 7/16-17)

Bu gerçeği yani bu düşmanların kitablarının bilgilerinin ve delillerinin bulunduğunu, bunlarla hakkı batıla karıştırdıklarını bildiğimize göre onlara gereken şekilde hazırlanmak görevimizdir. Onlara karşı hazırlık da iki şekilde olur:

1- Müellifin *Allah ona rahmet etsin* işaret ettiği şekilde onların bu tür delillerini ve batıllarını bertaraf edecek şer'î ve aklî delil ve belgeleri bilmek.

2- Onlara karşılık vermek imkanını elde etmek maksadıyla sahib oldukları batılın ne olduğunu bilmek. Bundan dolayı merhum Şeyhu'l-İslam "Der-u Tearudi'n-Nakli ve'l-Akli" adlı eserinde şunları söylemektedir: "Bir batılın lehine delil olsun diye kim bir delil ortaya koyarsa, mutlaka o onun lehine değil aleyhine bir delil olur." Bu da şöyle olur: Sağlıklı bir delili batılı savunan bir kimse kendi batılının lehine delil diye gösterecek olursa, bu mutlaka onun aleyhine bir delil olur, onun lehine delil olamaz. Dolayısıyla bu gibi kimselerle tartışmak isteyen bir kimsenin kesinlikle şu iki hususu göz önünde bulundurması gerekmektedir:

1- Onlara karşılık verebilmek için sahib oldukları bilgiyi iyice kavraması.

2- Bu gibi kimselere karşı kendileriyle cevab vereceği şer'î ve aklî delilleri iyice anlayıp kavraması.

Şu kadar var ki sen Allah'a yönelip, O'nun delil ve açıklamalarına iyice kulak verecek olursan, bunlardan korkma ve üzülme. *"Çünkü şeytanın hilesi şüphesiz ki zayıftır."* (en-Nisa, 4/76)

Müellif bu sözleriyle yüce Allah'a yönelip, hakkı bilen ve tanıyan kimseleri batıl ehlinin ileri süreceği delillerden korkmaması gerektiğini belirterek yüreklendirmek istemektedir. Çünkü bunların delilleri çürüktür ve bunlar esasen şeytanın hile ve tuzaklarından kaynaklanır. Yüce Allah ise:*"Muhakkak şeytanın hilesi pek zayıftır."* (en-Nisa, 4/76) diye buyurmaktadır. Bu hususta da şair şöyle demiştir:

"Bunlar abuk sabuk iddialardır, tıpkı can gibi,
Hak zannedersin onları fakat hepsi kırılır ve dökülür."

Muvahhid Olan Kimse Galiptir

Muvahhid olup avamdan olan bir kimse bu müşrik alimlerden bin kişiyi dahi yenik düşürür. Nitekim yüce Allah şöyle buyurmaktadır:

"Muhakkak bizim ordumuz elbette onlar galib olanlardır." (es-Saffat, 37/173)

Müellif şöyle demektedir: Avamdan olan muvahhid bir kimse bu müşriklerden bin tane alimi dahi yenik düşürür. Buna delil olarak da yüce Allah'ın: *"Muhakkak bizim ordumuz, elbette onlar galib olanlardır."* buyruğunu göstermektedir.

Avamdan olan muvahhid kimse tevhidi üç türüyle yani uluhiyet, rububiyet, isim ve sıfatları ile ikrar edip, kabul eden kimse demektir. Böyle bir kimse müşriklerin bin tane alimini dahi yenik düşürür. Çünkü bu müşriklerin alimleri de yüce Allah'ı eksik bir şekilde tevhid ederler. Çünkü onlar sadece rububiyetiyle Allah'ı tevhid ederler. Bu ise eksik bir tevhiddir. Gerçekte ise tevhid değildir. Buna delil de Peygamber *sallallahü aleyhi vesellem*'in bu şekliyle Allah'ı tevhid eden müşriklerle savaşmış olmalarıdır. Bu tevhidlerinin kendilerine bir faydası olmadı, bu tevhid sebebiyle canları ve malları korunmadı. Avamdan olan muvahhid bir kimse ise tevhidi üç türüyle yani rububiyet, uluhiyet ve isim sıfatlarıyla ikrar ve kabul etmektedir. Böylelikle avamdan olan bu şahıs bunlardan daha hayırlı olmaktadır.

Delil ile ve bu delili açıklamaları ile galib gelenler Allah'ın ordusudur. Tıpkı kılıç ve mızrakla da galib gelenlerin onlar oluşu gibi.

Müellif Allah'ın ordusu olan, Allah'ın ve Rasûlünün dinine yardımcı olan mümin kullarının insanlara karşı şu iki husus ile cihad ettiklerine işaret etmektedir:

1- **Delil ve açıklama:** Bu müslümanlara açıkça düşmanlıklarını ortaya koymayan münafıklara karşıdır. Bunlarla delil ve açıklama yönüyle cihad edilir.

2- **Kendileriyle kılıç ve mızrakla savaşılanlar:** Bunlarla açıktan açığa düşmanlıklarını ortaya koyan kimselerdir. Bunlar küfürlerini açıkça ortaya koyan katıksız kâfir kimselerdir. Gerek bu husus, gerekse de bundan önceki husus ile ilgili olarak da yüce Allah şöyle buyurmaktadır:

---

[11] Ahmed, Müsned, II, 230; Ebu Davud, 1576.

"Ey peygamber! Kâfirlerle ve münafıklarla cihad et ve onlara karşı sert davran. Varacakları yerleri cehennemdir onların, o ne kötü dönüş yeridir." (et-Tevbe, 9/73 ve et-Tahrim, 66/9)

Küfürlerini açıkça ilan eden katıksız kâfirlere karşı önce delil ve açıklama yoluyla cihad edilir. İkinci olarak da onlarla kılıç ve mızrakla savaşılır. Onlara karşı delil ortaya konulmadıkça kılıç ve mızrakla onlarla savaşılmaz. Müslüman ümmetine düşen görev İslama karşı yöneltilen herbir silaha uygun şekliyle karşılık vermektir. Düşünce ve sözle İslama karşı savaş açanlara tutturdukları yolun batıl olduğunun şer'î delillere ek olarak aklî ve mantıki delillerle de çürütülmesi gerekmektedir. Ekonomik yönden İslama karşı savaş açan kimselere karşı da gerekli savunmanın yapılması hatta imkan olduğu takdirde kendisiyle İslama karşı savaş verdikleri şeylerin bir benzeriyle onlara hücum edilmesi gerekir. Silah kullanarak İslam ile savaşan kimselere karşı da bu silahlara uygun olan yollarla karşılık vermek, direnmek gerekir.

Çünkü asıl beraberinde silah bulunmadığı halde yola koyulmaya çalışan muvahhid için korkmak gerekir.

Yani beraberinde silah bulunmadığı halde yolda yürümeye kalkışan muvahhid için ancak peygamber düşmanlarının zarar vereceğinden korkulur. Çünkü böyle birisinin kuşanabildiği ilim silahı yoktur. O bakımdan müşriklerden herhangi bir kimsenin onunla tartışıp, delil ortaya koyamaması neticesinde helak olacağından korkulur. O halde insanın kendisi ile şüpheleri önleyeceği ve hasmını susturacağı bir bilginin bulunması kaçınılmazdır. Çünkü tartışan kimsenin iki hususa ihtiyacı vardır:

1- Görüşünün delilini ispatlamak.

2- Hasmının delilini çürütmek.

Kendisinin sahib olduğu hakkı ve hasmının sahib olduğu batılı bilmedikçe buna imkan yoktur, düşmanın ileri süreceği delili çürütebilmeye imkan bulunamaz.

Yüce Allah da bize*"herşeyi açıklayan bir hidayet, bir rahmet ve müslümanlara bir müjde olmak üzere kitabı kısım kısım"* (en-Nahl, 16/89) indirmiş olduğu kitabını bize lutfetmiş bulunmaktadır.

Yüce Allah*"önünden ve arkasından da batılın kendisine erişemediği, hikmeti sonsuz, her hamde layık olan tarafından indirilmiş bulunan"* (Fussilet, 41/42) özelliklerine sahib pek aziz kitabını bize lutfedip, indirmiş bulunmaktadır. Yüce Allah o kitabı ile insanların dünya ve ahiret hayatlarında gerek duyacakları herşeyi apaçık gösteren bir açıklayıcı kılmıştır. Kur'ân-ı Kerim'in eşyaya dair açıklamaları iki türlüdür:

1- Herhangi bir şeyi muayyen olarak açıklaması. Yüce Allah'ın şu buyruklarında olduğu gibi:

"Leş, kan, domuz eti... size haram kılındı." (el-Maide, 5/3) buyruğu ile *"anneleriniz, kızlarınız, kızkardeşleriniz, halalarınız, teyzeleriniz, kardeş kızları, hemşire kızları, sizi emziren süt anneleriniz, süt hemşireleriniz, eşlerinizin anaları ve kendileriyle zifafa girdiğiniz eşlerinizden himayenizde bulunan üvey kızlarınız size haram kılındı. Eğer o kadınlarla zifafa girmemişseniz (kızlarıyla evlenmenizde) sizin için bir vebal yoktur. Öz oğullarınızın hanımları ve iki kızkardeşi birlikte almanız da (size haram kılındı.) Ancak (cahiliye devrinde) geçmiş olan müstesna. Şüphesiz Allah mağfiret edendir, çok esirgeyendir. Evli kadınlar(la nikahlanmanız) da (size haram kılındı. Sahib olduğunuz cariyeler müstesna. Bunlar Allah'ın size yazdıklarıdır, geriye kalanları ise... size helal kılındı.)"* (en-Nisa, 4/23-24)

2- Açıklamanın açıklama yapıldığı yere işarette bulunmak suretiyle gerçekleşmesi. Yüce Allah'ın şu buyruğunda olduğu gibi:

"Allah sana kitabı ve hikmeti indirmiştir." (en-Nisa, 45/113)

Bu buyruğu ile yüce Allah sünnetin kendisi olan hikmete işaret etmektedir. Hikmet Kur'ân-ı Kerim'i açıklamaktadır. Yüce Allah'ın: *"Bilmiyorsanız, zikir ehline sorunuz."* (en-Nahl, 16/43 ve el-Enbiya, 21/7) buyruğu da böyledir.

Bu şunu açıklamaktadır: Biz her hususta o konunun zikir ehli olan yetkin kimselerine baş vururuz. İşte nakledildiğine göre bir ilim adamına Kur'ân'a dil uzatmak isteyen bir hristiyan gelir. Bu kişi bir lokantada bulunuyordu. Bu hristiyan ona: Bu yemeğin nasıl pişirildiğine dair açıklama (kitabın) neresinde? Diye sorar. Adam lokantacıyı çağırıp, ona: Sen bize bu yemeği nasıl pişirdiğini anlatır mısın? demiş. Lokantacı anlatınca, adam şu cevabı vermiş: Evet, Kur'ân-ı Kerim'de de bu böyle zikredilmektedir. Hristiyan bu işe hayret ederek bu nasıl olur diye sormuş, o da şu cevabı vermiş: Şüphesiz yüce Allah şöyle buyurmaktadır:

"Eğer bilmiyorsanız, zikir ehline sorunuz."

Böylelikle yüce Allah bize eşyaya dair bilginin anahtarının o işin zikir ehline yani o işi bilenlerine sormak olduğunu açıklamaktadır. Bu ise hiç şüphesiz Kur'ân'ın getirdiği açıklamalardandır. O halde kendileri vasıtasıyla bilginin elde edileceği kimselere başvurmak ilmin anahtar aracılığı ile açılması demektir.

Kur'an-ı Kerim'in Batılı Yokedişi

Batıl peşinde olan bir kimse delil diye bir şey ileri sürecek olursa, mutlaka Kur'ân-ı Kerim'de onu çürüten ve onun geçersiz olduğunu belirten bir buyruk vardır. Nitekim yüce Allah şöyle buyurmaktadır:

"Onlar sana bir örnek getirdikleri her seferinde muhakkak ki sana hakkı ve daha güzel bir açıklamayı getirmişizdir." (el-Furkan, 25/33)

Batıl peşinden giden bir kişi kendi batılına dair bir delil getirdi mi mutlaka Kur'ân-ı Kerim'de bu batıl delili çürüten bir açıklama vardır. Hatta batıl peşinden olan herbir kişi eğer kitab ve sünnetten kendi batılının lehine sahih bir delil getirecek olursa, hiç şüphesiz bu delil onun aleyhinedir. Nitekim Şeyhu'l-İslam İbn Teymiyye - Allah'ın rahmeti üzerine olsun- "Der-u Tearudi'n-Nakli ve'l-Akli" adlı eserinin mukaddimesinde şunu belirtmektedir: Bir bid'atçi veya batıl bir kanaatin sahibi bir kimse eğer kendi batılı lehine kitab ya da sahih sünnetten bir delil ileri sürecek olursa, mutlaka bu delil onun lehine olmaz, aleyhine delil olur.

Bazı müfessirler bu âyet-i kerime kıyamet gününe kadar batıl ehlinin ileri süreceği herbir delil hakkında umumidir demişlerdir. Şimdi biz burada yüce Allah'ın günümüzde müşriklerin bize karşı delil diye ileri sürdükleri birtakım hususlara cevab teşkil edecek olan Allah'ın kitabında sözünü ettiği birtakım hususları zikredeceğiz

Müellif *Allah ona rahmet etsin* muvahhid kimsenin fesahat ve açıklaması ne kadar ileri derecede olursa olsun, muvahhid olmayan kimsenin getirdiği delilinden daha açık ve beliğ bir delil sahibi olacağını belirterek buna yüce Allah'ın: *"Onlar sana bir örnek getirdikleri her seferinde muhakkak ki sana hakkı ve daha güzel bir açıklama getirmişizdir."* (el-Furkan, 25/33) buyruğunu göstermektedir. Yani onlar kendisi ile seninle tartışmak ve hakkı batıla karıştırmak için bir örnek getirecek olurlarsa, mutlaka biz de sana hakkı getirir ve daha güzel bir açıklama yaparız. Bundan dolayı Kur'ân-ı Kerîm'de yüce Allah'ın bu müşriklerin ve başkalarının sorularına çokça cevab verdiğini görmekteyiz. Buna sebeb ise yüce Allah'ın insanlara hakkı açıklaması ve hakkın herkes için açık ve seçik bir hal almasıdır.

Ancak burada dikkat edilmesi gereken bir husus vardır ki o da şudur: Bir kimse karşı tarafın delilini bilmeden ve o delili çürütmeye, ona karşılık cevab vermeye hazır olmadan hiçbir kimseyle tartışmaya girişmemelidir. Çünkü gerekli bilgiye sahib olmadan böyle bir tartışmaya girişecek olursa, yüce Allah'ın dilemesi müstesna kendisi yenik düşecektir. Nasıl ki insan düşman ile savaş alanına yiğitlik ve silahı olmaksızın giremiyorsa da böyledir.

Daha sonra merhum müellif bu kitabında müşriklerin delil diye ileri sürdükleri herbir hususu sözkonusu edeceğini ve bu şüphelerin üzerindeki kapalılığı giderip, açıklığa kavuşturacağını belirtmektedir. Çünkü gerçekte bunlar delil olamazlar. Bunlar birtakım karıştırmalar ve delil suretinde göstermelerden ibarettir.

Batıl Ehline Cevap

Diyoruz ki: Batıl ehline iki yoldan cevab verilebilir. Özet ve tafsilatlı cevab. Özet cevab, aklıyla iyice kavrayan kimseler için pek büyük fayda sağlayan, çok büyük bir husustur. Bu da yüce Allah'ın şu buyruğu ile dile getirilmektedir:

"Sana kitabı indiren O'dur. Ondan bir kısım âyetler muhkemdir. Bunlar kitabın anasıdır. Diğer bir kısmı da müteşabihtir ama kalbinde eğrilik bulunanlar sırf fitne aramak ve onu tevil etmeye kalkışmak için onun müteşabih olanına uyarlar. Halbuki onun tevilini Allah'tan başkası bilmez." (Al-i İmran, 3/7)

Müellif bu tür şüphelere iki şekilde cevab vereceğini belirtmektedir: Birincisi bütün şüphelere cevab olmaya elverişli genel ve özlü bir cevabtır.

İkincisi ise etraflı, tafsilatlı bir cevabtır. Tartışma ve münazara hususlarında ilim ehlinin bu şekilde davranmaları gerekir. Önce özlü cevabı verirler ki bu hakkı batıla karıştırıp, şüpheler ortaya atanların ortaya koymaları muhtemel bütün şüpheleri kapsasın. Daha sonra da muayyen olarak herbir meseleye dair etraflı bir cevab vermelidir. Yüce Allah şöyle buyurmaktadır:

"Bu âyetleri sağlamlaştırılmış, sonra da hikmeti sonsuz ve herşeyden haberdar olan Allah tarafından geniş geniş açıklanmış bir kitabtır." (Hud, 11/1)

Merhum müellif özet ve kapsamlı cevabında müteşabihin peşinden giden bu gibi kimselerin kalblerinde eğrilik bulunan kimseler olduklarını belirtmektedir. Nitekim Peygamber *sallallahü aleyhi vesellem*'in yüce Allah'ın: *"Sana kitabı indiren odur. Ondan bir kısım âyetler muhkemdir. Bunlar kitabın anasıdır. Diğer bir kısmı da müteşabihtir ama kalbinde eğrilik bulunanlar sırf fitne aramak ve onu tevil etmeye kalkışmak için onun müteşabih olanına uyarlar..."* (Al-i İmran, 3/7) buyruğu hakkında gelen sahih rivayete göre böylece açıklamalarda bulunmuştur.

Bundan dolayı sapık kimselerin -bundan Allah'a sığınırız- kendi batıllarının batılını gizlemek amacıyla müteşabih âyetleri ileri sürerek mesela: Yüce Allah şöyle buyururken bir başka yerde de şöyle buyurmaktadır, peki bu nasıl olur? derler. Nitekim Nafî' b. el-Ezrak'ın İbn Abbas *radıyallahu anh.* ile tartışırken söyledikleri de bu kabilden idi. Bu tartışmayı Suyutî el-İtkan adlı eserinde zikrettiği gibi, başkası da bunu zikretmiş olabilir. Bu faydalı bir tartışmadır. Batılcıların hakkı nasıl karıştırdıklarını anlamak için onu aktaracağız.

Rasûlullah *sallallahü aleyhi vesellem*'in da şöyle buyurduğu sahih rivayette sabittir:

"Sizler Kur'ân'ın müteşabih olanına uyan kimseleri gördüğünüz vakit işte (bilin ki) Allah'ın kendilerinden söz ettiği kimseler onlardır, onlardan sakınınız."

Müellifin de dediği gibi Rasûlullah *sallallahü aleyhi vesellem*'in şöyle buyurduğu sahih rivayetle sabittir:

"Sizler Kur'ân'ın müteşabih olanına uyan kimseleri gördüğünüz vakit (biliniz ki) işte onlar Allah'ın kendilerinden söz ettiği kimselerdir, onlardan sakınınız."[12]

---

[12] Buhari, Tefsir, Âl-i İmran suresi; Müslim, İlm, Babu'n-Nehyi ani't-Tibai Müteşabihi'l-Kur'ân.

Müellif bu hadisi Kur'ân ya da sünnetten müteşabih olan buyruklara uyarak kendi batılını hak gibi göstermeye çalışan kimselerin yüce Allah'ın *"ama kalblerinde eğrilik bulunanlar"* âyeti ile niteliklerini belirtip, kendilerinden söz ettiği bu kimseler olduklarına delil göstermektedir. Daha sonra Peygamber *sallallahü aleyhi vesellem* bu gibi kimselerden sakınmayı emrederek bu müteşabih buyruğa uymak suretiyle sizleri Allah'ın yolundan saptırırlar diye bunlardan da sakınınız, aynı şekilde onların yollarından da sakınınız. Burada sakındırma hem onların yollarından, hem de bizzat kendilerinden de sakındırmayı kapsamaktadır.

Buna örnek: Müşriklerden biri sana: *"Haberiniz olsun ki Allah'ın velilerine hiçbir korku yoktur. Onlar kederlenecek de değillerdir."* (Yunus, 10/62) diye söylese ve şefaat haktır, peygamberlerin Allah nezdinde üstün bir mevkileri vardır dese ya da Peygamber *sallallahü aleyhi vesellem*'in hadislerini, kendisinin benimsediği herhangi bir batıla delil diye ileri sürecek olsa ve sen onun sözünü ettiği hususların anlamını kavramayacak olursan, şu sözlerinle ona cevab ver: Şüphesiz Allah kitabında kalblerinde eğrilik bulunan kimselerin muhkem buyrukları terkedip, müteşabih olanlara uyduklarını sözkonusu etmektedir.

Daha sonra müellif bu gibi kimselere şöylece bir örnek vermektedir: Müşrik olan bir kimse sana şöyle der: Yüce Allah: *"Haberiniz olsun ki Allah'ın velilerine hiçbir korku yoktur. Onlar kederlenecek de değillerdir."* demiyor mu? Yahutta velilerin yüce Allah'ın nezdinde üstün bir mevkileri yok mu? Yahut şefaat Kur'ân ve sünnet ile sabit değil mi? ve buna benzer şeyler söyleyecek olursa, sen de ki: Evet, bütün bunlar haktır. Fakat bunların senin bu velileri yahut bu peygamberleri Allah'a ortak koşmana delil teşkil etmediği gibi, Allah nezdinde şefaat edecekleri belirtilen kimseleri de ortak koşmana delil olamaz. Senin bunların bu hususa delil teşkil ettikleri şeklindeki iddian ise batıldır. Böyle bir şeyi ancak batıl peşinde olan bir kimse delil diye ileri sürebilir. Sen olsa olsa yüce Allah'ın haklarında: *"Kalblerinde eğrilik bulananlar... onun müteşabih olanına uyarlar."* (Al-i İmran, 3/7) diye buyurduğu kimselerden birisisin. Eğer sen müteşabih olan bu hususları, muhkem olan buyruklara döndürecek (onların ışığında anlamaya çalışacak) olursan, bu hususların senin lehine delil teşkil etmediğini de bilirsin.

Sana sözünü ettiğim yüce Allah'ın müşriklerin rububiyeti kabul ettiklerini ve onların kâfir oluşları, meleklere, peygamberlere ve velilere sarılmaktan ve aynı zamanda *"bunlar Allah'ın nezdinde bizim şefaatçilerimizdir."* (Yunus, 10/18) demelerinden ileri geldiğini sözkonusu etmiş bulunuyorum. Bu ise apaçık ve muhkem bir husustur, hiç kimse bunun anlamını değiştirecek gücü kendisinde bulamaz.

Müellif müteşabih olan buyrukları, muhkem buyruklara nasıl havale edeceğimizi (onların ışığında müteşabihleri nasıl anlayacağımızı) belirtmektedir. Şöyle ki müşrikler Allah'ın rububiyetin birliğini kabul ediyorlar ve buna kendilerince hiçbir şüphesi olmayan bir şekilde de iman ediyorlardı. Bununla birlikte meleklere ve başkalarına da ibadet ediyorlar. Bu arada: Bunlar Allah nezdinde bizim şefaatçilerimizdir diyorlardı. Böyle olmalarına rağmen ise onlar müşrik idiler, Peygamber *sallallahü aleyhi vesellem* onların canlarını ve mallarını mübah kılmıştı. Bu ise yüce Allah'ın rububiyetinde ve mülkünde ortağı bulunmadığı gibi, ibadet ve uluhiyetinde de ortağının bulunmadığına, Allah'a uluhiyetinde ortak koşan kimsenin rububiyetinde onu tevhid etse bile müşrik olacağına dair delil teşkil eden en ufak bir şüphesi bulunmayan muhkem ve apaçık bir nastır.

Ve ey müşrik senin bana Kur'ân-ı Kerim'den ya da Peygamber *sallallahü aleyhi vesellem*'in sözlerinden aktardığına gelince, ben onun anlamını bilmiyorum. Fakat kesinlikle şunu söylüyorum ki Allah'ın sözlerinde çelişki yoktur. Peygamber *sallallahü aleyhi vesellem*'in sözleri de Allah'ın kelamına aykırı olamaz.

Müellifin ifadesi olan "ey müşrik bana Allah'ın kelamı ve Rasûlünün kelamından sözünü ettiklerinin anlamını bilmiyorum. Fakat ben şunu biliyorum ki Allah'ın kelamı birbiri ile çelişmez, peygamberin kelamı da Allah'ın kelamına aykırı olamaz." sözlerindeki "anlamını bilemiyorum" ifadesi ile şunu kastetmektedir: Senin ileri sürdüğün anlama gelip gelmediğini bilmiyorum ama ben bu anlama geldiğini reddetmediğim gibi kabul de etmiyorum. Çünkü biliyorum ki Allah'ın kelamı birbiriyle çelişmez. Peygamber *sallallahü aleyhi vesellem*'in sözü de Allah'ın kelamına muhalif olamaz. Yüce Allah da şöyle buyurmaktadır:

"Hala onlar Kur'ân'ı gereği gibi düşünmeyeceklerini, eğer o Allah'tan başkasından gelseydi, elbette içinde birbirini tutmayan birçok şeyler bulurlardı." (en-Nisa, 4/82)

"Ve biz sana bu kitabı herşeyi açıklayan... olmak üzere kısım kısım indirdik." (en-Nahl, 16/89)

"Ve onlarda iyice düşünsünler diye sana da bu zikri (Kur'ân'ı) indirdik." (en-Nahl, 16/44)

Allah Rasûlünün sözü de Allah'ın kelamına aykırı olamaz. Aynı şekilde Allah'ın kelamı da birbiriyle çelişemez. Yüce Allah kendisinin hiçbir ortağının bulunmadığını haber verdiği gibi Peygamber *sallallahü aleyhi vesellem* de: "İslam beş temel üzerine bina edilmiştir. Allah'tan başka hiçbir ilâh olmadığına ve Muhammed'in Allah'ın Rasûlü olduğuna şehadet getirmek..."[13] diye buyurmuştur.

İşte bütün bunlar biri diğerini destekleyen buyruklardır. Ayrıca yüce Allah'ın rububiyette ortağının bulunmadığı gibi, uluhiyette de ortağının bulunmadığına delil teşkil etmektedir.

Bu elbetteki çok güzel ve dosdoğru bir cevabtır. Fakat bu cevabı ancak Allah'ın muvaffakiyet ihsan ettiği kimseler iyice anlayabilirler. Sakın bu cevabı önemsememezlik etme. Nitekim yüce Allah şöyle buyurmaktadır:

"Buna ancak sabredenler kavuşturulur, buna ancak büyük bir pay sahibi olanlar kavuşturulur." (Fussilet, 41/31)

---

[13] Buhari, İman, Bab-u Kavli'n-Nebiyyi: Bunyani İslamu ala Hams; Müslim, İman, Bab-u Beyani Erkani'l-İslam.

Müellifin "bu güzel ve dosdoğru bir cevabtır" ifadesi şu demektir: İnsanın kendisiyle tartışan şahsa Allah'ın buyruğu birbiriyle çelişmez, Peygamber *sallallahü aleyhi vesellem*'in sözleri de Allah'ın kelamına aykırı düşmez ve yapılması gereken müteşabih olanın muhkeme havale edilmesi (onun ışığında anlaşılması)dır şeklindeki sözleri söyleyen bir kimse oldukça doğru bir cevab vermiş olur. Yani onun bu cevabı tam anlamıyla yerini bulmuş, kimsenin onu çürütmesine imkanı yoktur yahutta kimse onu çürütecek şekilde ona cevab veremez. Çünkü bu sem'i ve aklî delile dayalı sağlam bir sözdür. Bu şekilde olan bir cevabın ise herhangi bir batılcı tarafından çürütülmesine imkan yoktur.

"Fakat onu... anlamaz" ifadelerine gelince, böyle bir cevabı ancak Allah'ın muvaffakiyet ihsan ederek üzerinden şüphe fitnelerini açıp, arzu ve heveslerin fitnesini de giderdiği kimse anlayabilir. Daha sonra da buna yüce Allah'ın:*"Buna ancak sabredenler kavuşturulur..."* Yani en güzel şekilde iddiayı bertaraf etmek muvaffakiyetine ancak onlar kavuşturulur demektir.

"Biz Allah'a Ortak Koşmuyoruz, Salihleri Aracı Kılıyoruz..." Şüphesi

Etraflı cevaba gelince, şüphesiz Allah düşmanlarının rasûllerin dinlerine karşı kendileriyle insanları bu dinden alıkoydukları çokça itirazları vardır. Bunlardan birisi: Biz Allah'a ortak koşmuyoruz. Aksine ortaksız bir ve tek olarak Allah'tan başka hiçbir kimsenin yaratmadığına, rızık vermediğine, fayda sağlayıp, zarar vermediğine, Muhammed *sallallahü aleyhi vesellem*'in dahi -Abdu'l-Kadir ya da bir başkası şöyle dursun- kendisine fayda sağlama ya da zarar verme imkanına sahib olmadığına şahitlik ediyoruz. Şu kadar var ki ben günahkar bir kimseyim. Salih kimselerin ise Allah katında bir mevkileri vardır. Ben onları aracı kılarak Allah'tan dilekte bulunuyorum şeklindeki sözleridir. Bu sözlere daha önce geçen şekilde cevab ver. Şöyle ki: Rasûlullah *sallallahü aleyhi vesellem*'ın kendileriyle savaştığı kimseler de sözünü ettiğin hususları kabul ediyorlardı. Onların putlarının hiçbir şeyi yapamadığını kabul etmekle birlikte bu yolla onların mevkilerinden ve şefaatlerinden istifade etmeyi dilemişlerdi. Onlara yüce Allah'ın kitabında zikrettiği buyrukları oku ve açıkla. Müellifin: Etraflı cevaba gelince... şeklindeki sözlerine gelelim. Birinci cevab özlü ve kapsamlı bir cevabtı. İnsan bunu her şüpheye karşı cevab olarak zikredebilir. Diğer taraftan etraflı yani herbir şüphe muayyen olarak çürütülecek şekilde biri diğerinden ayırd edilen cevablar da vardır. Bundan dolayı Allah'a ortak koşan bir kimse eğer: Ben Allah'a ortak koşmuyorum. Aksine bir ve tek ve ortaksız olarak Allah'tan başka hiçbir kimsenin yaratmadığına, rızık vermediğine, fayda sağlamayıp zarar vermediğine, Muhammed'in -Abdu'l-Kadir gibileri, onun daha alt mertebesinde olanlar şöyle dursun- bizzat kendisinin dahi kendisine bir fayda sağlayamayıp, zarar veremediğine şahitlik ediyorum diyecek olursa, şüphesiz ki bu tevhidin kendisidir. Ancak böyle diyen bir kimse bununla hakkı karıştırdığı bir şüphe ortaya atmaktadır. Bu şüphe ise çürütülmeye mahkumdur. Bunun sahibine hiçbir fayda sağlaması mümkün değildir.

Sözü edilen Abdu'l-Kadir Musa oğlu Abdu'l-Kadir el-Ceylani'dir. Babasının adı ile ilgili farklı görüşler vardır. Zahid ve mutasavvıfların büyüklerindendi. 471 yılında Ceylan'da dünyaya gelmiş, 561 yılında Bağdat'ta vefat etmiştir, Hanbeli mezhebine mensubtur. "...Ancak ben günahkar bir kimseyim..." şeklinde bu şüpheci kimsenin sözlerinin geri kalanına gelince, sen de böyle bir kimseye şu şekilde cevab ver: Senin sözünü ettiğin bu durum tıpkı Peygamber *sallallahü aleyhi vesellem*'in kendileri ile savaştığı, kanlarını, kadınlarını ve mallarını mübah gördüğü ve bu şekilde tevhidin kendilerine en ufak fayda sağlamadığı müşriklerin de benimsediği bir inanç idi.

"Onlara yüce Allah'ın kitabında zikrettiği buyrukları oku ve açıkla" ifadeleri ile şunları kastetmektedir: Sen onlara yüce Allah'ın uluhiyetin tevhidine dair sözünü ettiği buyrukları oku, çünkü şanı yüce Allah bu hususu defalarca ele almış, tekrarlayıp durmuştur. Buna sebeb ise bu tevhidi insanların kalblerine sapasağlam yerleştirmek, bu hususta onlara karşı delili ortaya koymaktır. Yüce Allah şöyle buyurmaktadır:

"Senden önce gönderdiğimiz herbir peygambere mutlaka şunu vahyederdik: Benden başka ilâh yoktur. O halde yalnız bana ibadet edin." (el-Enbiya, 21/25)

"Ben cinleri de insanları da ancak bana ibadet etsinler diye yarattım." (ez-Zariyat, 51/56)

"Allah kendisinden başka hiçbir ilâh olmadığını adaleti ayakta tutarak açıkladı. Melekler de, ilim sahibleri de O'ndan başka hiçbir ilâh yoktur, mutlak galibtir, hakimdir." (Al-i İmran, 3/18)

"İlahınız tek bir ilâhtır. O'ndan başka hiçbir ilâh yoktur. O rahmandır, Rahîmdir." (el-Bakara, 2/163)

"O halde yalnız Bana ibadet edin." (el-Ankebut, 29/56)

Ve buna benzer yüce Allah'ın ibadetinde tevhid edilmesinin ve kendisinden başkasına ibadet edilmemesinin gereğine delalet eden daha birçok âyet-i kerime. Şayet bunlarla ikna olursa, zaten istenen gerçekleşmiş olur. Eğer ikna olmayacak olursa, bu hakka karşı bile bile direnen, inat eden ve yüce Allah'ın şu buyruğunun kapsamına giren büyüklenen bir kimsedir:

"Kalbleri onlara inandığı halde zulüm ve büyüklenme sebebiyle onları inkar ettiler. Bozguncularının sonunun nasıl olduğuna bir bak." (en-Neml, 27/14)

Şayet: Bu âyet-i kerimeler putlara ibadet eden kimseler hakkında inmiştir. Sizler salih kimseleri nasıl putlar gibi değerlendirirsiniz. Yahutta peygamberleri nasıl put kabul edersiniz diyecek olursa, az önce geçen buyruklarla ona cevab ver.

Şâyet kâfirlerin rububiyetin tümüyle Allah'ın olduğuna şahitlik ettiklerine ve onların bu yaptıkları ile şefaattan başka bir şeyi kastetmediklerini kabul etseler, ancak diğer taraftan kendi yaptıkları ile müşriklerin yaptıkları arasında -sözünü ettiği gerekçe sebebiyle- fark gözetilmesini isterse...

Müellifin: "Bunlar" sözleri ile kastettiği şudur: Eğer müşrikler bu âyetler daha önce putlara ibadet eden müşrikler hakkında inmiştir bu veliler ise put değildirler diyecek olurlarsa, sen de daha önce geçen şekilde ona cevab ver. Yani Allah'tan başka kendisine ibadet olunan her bir varlık artık ona ibadet eden kimsenin mabudu ve putu olur. Peki putlara tapınan kimse ile peygamberlerle evliyalara tapınan kimse arasındaki fark nedir. Çünkü bunların hiçbirisinin kendilerine ibadet edenlere en ufak bir faydası olmaz.

Bu sözleri söyleyen kimse müşriklerin rububiyeti kabul ettiklerini yüce Allah'ın herşeyin Rabbi, yaratıcısı ve maliki olduğunu kabul ettiklerini biliyor. Ancak onlar bu putlara kendilerini Allah'a daha çok yakınlaştırsınlar ve kendilerine şefaatçi olsunlar diye ibadet ediyorlardı. O bunu kabul edecek olursa, dolayısı ile günümüzde bu şekilde hareket eden kimsenin maksadının tıpkı o müşriklerin maksadı gibi olduğunu da kabul etmiş olur. Bununla birlikte -önceden de geçtiği gibi- böyle bir inanışın onlara (müşriklere) bir faydası olmamıştır.

"Onların Yalvardıkları da Rablerine Yakın Olmak İçin Yol Ararlar"

Böyle diyen kimseye sen de şunu hatırlat: Kâfirlerden kimisi putlara dua (ve ibadet) ediyor, kimisi de Allah'ın dostlarına (velilere) dua ediyordu. Yüce Allah haklarında şöyle buyurmaktadır:
"Onların o yalvardıkları da Rablerine hangisi daha yakın olacak diye yol ararlar." (el-İsra, 17/57)
Aynı şekilde o kâfirlerin kimisi Meryem oğlu İsa'ya ve onun annesine dua (ve ibadet) ediyordu. Nitekim yüce Allah şöyle buyurmaktadır:
"Meryem oğlu Mesih bir rasûlden başka bir şey değildi. Ondan önce de rasûller gelip geçmiştir. Anası ise sıddıyka bir kadındı. İkisi de yemek yerdi. Bizim âyetleri onlara nasıl açıkladığımıza bir bak. Sonra da onların nasıl döndürüldüklerine bir bak. De ki: Allah'ı bırakıp da size hiçbir fayda ve hiçbir zarar vermeye gücü yetmeyen kimseye ibadet mi ediyorsunuz. Halbuki Allah herşeyi işitendir, hakkıyla bilendir." (el-Maide, 5/75-76)
Müellifin "ona şunu hatırlat" sözleri daha önce geçen: "Şâyet kâfirlerin... kabul ederse" şeklindeki sözlerinin cevabıdır. Yani sen de buna şunu hatırlat, bu müşrikler arasından kimisi senin maksad itibariyle onunla uyum gösterdiğin için bu yönüyle kendisine benzediğin şekilde şefaat taleb etmek maksadıyla putlara dua ederdi. Kimisi de sen de maksat ve mabud noktasında kendisi ile uyum arzettiğin evliyalara ibadet ederdi. Onların evliyalara dua ve ibadet ettiklerinin delili yüce Allah'ın: *"Onların yalvardıkları da Rablerine hangisi daha yakın olacak diye yol ararlar."* (el-İsra, 17/57) buyruğudur.
Onlar aynı şekilde hristiyanların Meryem oğlu Mesih'e ibadet ettikleri gibi peygamberlere ibadet ediyorlardı. Yine yüce Allah'ın şu buyruğunda dile getirildiği üzere meleklere de ibadet ediyorlardı:
"O günde onların hepsini haşredecek, sonra da meleklere şöyle diyecek: Bunlar mı size ibadet ederlerdi." (Sebe, 34/40)
Böylelikle müşriklerin putlara ibadet ettikleri gerekçesi ile kendisinin putlara ve salih kimselere ibadet etmesi şeklindeki yanlış benzetmesine verilen cevab iki yönüyle açıklık kazanmış olmaktadır:
1- Böyle bir benzetme doğru olamaz. Çünkü sözü geçen o müşrikler arasında velilere ve salih kimselere ibadet edenler vardı.
2- Bu müşriklerin o putlardan başka kimseye ibadet etmediklerini kabul etsek dahi böyle diyen bir kimse ile o müşrikler arasında hiçbir fark kalmaz. Çünkü hepsi de kendisine hiçbir fayda sağlayamayan varlıklara ibadet etmiş olmaktadır.
Ve o kimseye yüce Allah'ın şu buyruğunu da hatırlat:
"O günde onların hepsini haşredecek, sonra da meleklere şöyle diyecek: Bunlar mı size ibadet ederlerdi. Melekler diyecekler ki: Tenzih ederiz Seni, bizim velimiz (mabudumuz) onlar değil Sensin. Aksine onlar cinlere ibadet ediyorlardı. Bunların çoğu onlara inanıyorlardı." (Sebe, 34/40-41)
Yüce Allah'ın şu buyruğunu da hatırlat:
"Allah: Ey Meryem oğlu İsa! İnsanlara Allah'ı bırakıp da beni ve anamı iki ilâh edinin diye sen mi söyledin diyeceği zaman (İsa) şöyle diyecek: Seni tenzih ederim. Hakkım olmayan bir sözü söylemek bana yakışmaz. Şâyet ben onu söylemiş isem, zaten sen onu bilmişsindir. Sen içimde olanı bilirsin ama ben senin gizlediklerini bilmem. Şüphesiz sen gaybları çok iyi bilensin." (el-Maide, 5/116)
Müellifin: "Sen ona yüce Allah'ın:*"O günde onların hepsini haşredecek, sonra da meleklere şöyle diyecek..."* şeklindeki ifadeleri daha önce geçen: Ona şunu hatırlat, kâfirlerden putlara dua (ve ibadet) edenler vardır..." şeklindeki sözlerine atfedilmiştir. Bundan maksat da ona kâfirler arasından meleklere ibadet eden kimselerin olduğunun açıkça anlatılmasıdır. Halbuki melekler Allah'ın yarattıklarının en hayırlılarındandır ve O'nun velileridir. (Allah'ın dostlarıdır.) Böylelikle bu batıl iddiada bulunan kimsenin kendisi ile kâfirler arasındaki fark kendisi salih kimselere ve velilere dua (ve ibadet) ederken kâfirlerin taş ve benzeri şeylerden yapılmış putlara ibadet ettikleri şeklindeki hakkı batıla karıştıran gerekçesi çürütülmüş olmaktadır.
Yüce Allah'ın:*"Allah: Ey Meryem oğlu İsa... diyeceği zaman"* buyruğunu da hatırlat" sözleri şu demektir: Yani sen böyle diyen kimseye yüce Allah'ın: *"Allah... diyeceği zaman"* âyetini de hatırlat ki onun: Kâfirlere velilere

ve salihlere ibadet ediyorlardı. Dolayısıyla kendisi ile o kâfirler arasında bir fark olmadığı şeklinde ona karşı susturucu delili ortaya koymuş olacaksın.

Ona de ki: Sen yüce Allah'ın putlara yönelen kimselerin kâfir olduklarını belirttiği gibi, salihlere (ibadet kastıyla) yönelen kimselerin de kâfir olduklarını belirttiğini ve Rasûlullah *sallallahü aleyhi vesellem*'ın da onlarla savaşmış olduğunu bilmiyor musun?

Müellifin "ona deki..." sözleri şu demektir: Sen ona yüce Allah'ın salihlere ibadet edenleri de, putlara ibadet edenleri de kâfir olarak tesbit ettiğini açıkla. Peygamber *sallallahü aleyhi vesellem*'in da bu şirkleri sebebiyle onlarla savaşmış olduğunu belirt. Onların tapındıkları kimselerin Allah'ın veli kulları ve peygamberleri arasından olmalarının kendilerine hiçbir fayda sağlamadığını göster.

"...Ben, Şefaat Edecekleri Ümidi İle Onlara Yöneliyorum..." Şüphesi

Dese ki: Kâfirler o tapındıkları varlıklardan dileklerde bulunuyorlar. Ben ise fayda sağlayıp, zarar verenin, işleri çekip çevirenin Allah olduğuna şahitlik ediyor, O'ndan başkasından bir şey istemiyorum. Salih kimselerin ise emir namına herhangi bir payları yoktur. Fakat ben Allah'tan onların şefaat edecekleri ümidi ile onlara yöneliyorum.

Buna cevab şudur: Bu kâfirlerin söyledikleri sözler ile aynıdır. Ayrıca ona yüce Allah'ın şu buyruklarını oku:

"O'ndan başka veliler edinenler: Biz bunlara ancak bizleri Allah'a yaklaştırsınlar diye ibadet ediyoruz (derler)." (ez-Zümer, 39/3)

"Bir de: Bunlar Allah katında bizim şefaatçilerimizdir derler." (Yunus, 10/18)

"Dese ki..." sözü şu demektir: Şâyet müşrik olan bu şahıs kâfirler onlardan istekte bulunurlar yani kendilerine fayda sağlamalarını yahut zarar vermelerini isterler. Ben ise Allah'tan başkasından bir şey istemiyorum. Salih kimselerin ise emir namına herhangi bir yetkileri yoktur. Ben onlara inanmıyorum, fakat şefaatçi olsunlar diye onlar vasıtası ile yüce Allah'a yakınlaşmaya çalışıyorum.

Böyle diyene şu şekilde cevab ver: Rasûlullah *sallallahü aleyhi vesellem*'ın aralarında peygamber olarak gönderildiği müşrikler de böyle idiler. Onlar da putlara fayda sağlıyor, zarar veriyorlar diye inandıklarından ötürü ibadet etmiyorlardı. Onlar bu putlara kendilerini Allah'a yakınlaştırsınlar diye ibadet ediyorlardı. Nitekim yüce Allah şöyle buyurmaktadır: *"Biz bunlara ancak bizleri Allah'a yaklaştırsınlar diye ibadet ediyoruz."* (ez-Zümer, 39/3) dediklerini zikrettiği gibi, şöyle de buyurmaktadır:

"Bunlar Allah katında bizim şefaatçilerimizdir derler." (Yunus, 10/18)

Buna göre böyle diyen birisinin hali o müşrikler ile aynı olmaktadır.

Şunu bil ki bu üç şüphe onların sahib oldukları en büyük gerekçelerdir. Yüce Allah'ın kitab-ı keriminde bunları bize açıkladığını bildiğine, bunları iyice bellediğine göre, bunlardan sonra sözkonusu edilecekler, buna göre daha basittir.

Müellif: "İşte bu üç şüphe" derken sözü edilen şüpheler şunlardır:

Birincisi onların: Biz putlara ibadet etmiyoruz, ancak Allah'ın dostlarına (evliyaya) ibadet ediyoruz şeklindeki sözleridir.

İkincisi onların: "Bizler ibadette onlara yönelmiyoruz, onları kastetmiyoruz. Bizim maksadımız yalnızca yüce Allah'tır." sözleridir.

Üçüncüsü de: "Bizler onlara bize bir fayda sağlasınlar yahut bize zarar versinler diye ibadet etmiyoruz. Fayda ve zarar yüce Allah'ın elindedir. Ancak onlar bizi Allah'a yakınlaştırsınlar diye (onlara yöneliyoruz). Bizler bu yönelişimizle onların şefaatine erişmek maksadını güdüyoruz. Yani bizler yüce Allah'a ortak koşmuyoruz" şeklindeki sözleridir.

Bu şüphelerin gerçek yüzü açıkça ortaya çıkmış olduğuna göre bundan sonraki şüphelerin gerçek yüzünün ortaya çıkması daha basit, daha kolaydır. Çünkü bunlar onların kendileri ile hakkı batıla karıştırdıkları en güçlü şüpheleridir.

"Salihlere Sığınmak Onlara Dua Etmek İbadet Değildir!?" Şüphesi

Şâyet: Ben Allah'tan başkasına ibadet etmiyorum. Salihlere bu şekilde sığınmak ve onlara dua etmek ibadet değildir diyecek olurlarsa, sen de onlara şöyle de:

Yüce Allah'ın ibadeti yalnız Allah için ihlasla yapmayı farz kıldığını, bunun Allah'ın senin üzerindeki hakkı olduğunu sen de kabul ediyorsun. Şâyet: Evet öyledir diyecek olursa, ona de ki: Allah'ın sana farz kılmış olduğu şey olan ibadeti yalnızca Allah'a halis kılmanın ne olduğunu ve bunun senin üzerindeki hakkı olduğunu bana açıkla. Şâyet ibadeti de, ibadetin türlerini de bilmeyen birisi ise ona şu sözlerinle ibadeti açıklayıver:

Yüce Allah şöyle buyurmaktadır:

"Rabbinize yalvara yakara ve gizlice dua edin. Gerçek şu ki O haddi aşanları sevmez." (el-A'raf, 7/55)

Bunu kendisine bildirdikten sonra ona şöyle de: Sen bunun Allah'a ibadet olduğunu öğrenmiş oldun mu? Kaçınılmaz olarak evet diyecektir. Dua da zaten ibadetin özüdür.

Şüpheler uyandıran bu kişi ben Allah'a ibadet ettiğim gibi onlara ibadet etmiyorum, onlara sığınmak ve onlara dua etmek ise bir ibadet değildir diyecek olursa, bu iddiası bir şüphedir. Bu şüpheye cevab da şöyle verilir:
Allah sana ibadeti yalnızca kendisine ihlasla yapmayı farz kılmıştır. Şâyet: Evet diyecek olursa, ona ibadeti Allah'a halis kılmanın anlamının ne olduğunu sor. Bunu ya bilir ya bilmez, eğer bilmeyen birisi ise salihlere dua edip, onlara böylece bağlanmanın bir ibadet olduğunu öğrenmesi için ona bu hususu açıklayıver.
Müellifin "ona ibadeti açıkla" sözleri şu demektir: Ona ibadetin çeşitlerini açıklayarak şöyle de: Şüphesiz yüce Allah: *"Rabbinize yalvara yakara ve gizlice dua edin. Gerçek şu ki O haddi aşanları sevmez."* (el-A'raf, 7/55) diye buyurmaktadır. Dua da bir ibadettir, dua ibadet olduğuna göre Allah'tan başkasına dua etmek Allah'a şirk koşmak olur. Buna göre duaya, ibadete ve rahmetinin ümid edilmesine layık olan kişi bir ve tek olarak, ortaksız olarak sadece yüce Allah'tır.
Ona de ki: Sen bunun bir ibadet olduğunu kabul etmekle birlikte korku ve ümit ile gece gündüz Allah'a dua etsen, sonra da belli bir ihtiyaç için bir peygambere yahutta bir başkasına dua edecek olursan, Allah'a ibadetinde başkasını ortak koşmuş olur musun? Kaçınılmaz olarak: Evet diyecektir. O vakit ona şöyle de: Sen yüce Allah'ın: *"Rabbin için namaz kıl ve kurban kes."* (el-Kevser, 108/2) buyruğunu öğrenmiş bulunuyorsun. Allah'a itaat edip, O'na kurban kesmen bu bir ibadet olmaz mı? Kaçınılmaz olarak evet diyecektir.
Sen de ona şunu sor: İster bir peygamber, ister bir cin, ister başka herhangi bir yaratılmış için kurban kesecek olursan, sen bu ibadette Allah'tan başkasını ortak koşmuş olur musun? Ortak koşmuş olacağını kabul etmesi ve: Evet demesi kaçınılmaz bir şeydir.
"Ona de ki..." sözleri şu demektir: Sen duanın ibadet olduğunu açıklayıp, o da bunu kabul edecek olursa, ona şöyle de: Herhangi bir ihtiyacın olduğu takdirde yüce Allah'a dua ediyor, sonra da yine aynı ihtiyacın için bir peygamber yahut başka bir yaratılmışa ibadet edecek olursan, acaba ibadette Allah'la birlikte başkasını ortak koşmuş olmaz mısın? Kaçınılmaz olarak: evet diyecektir. Çünkü böyle bir sonuç kaçınılmazdır. Dua açısından durum böyledir.
Daha sonra müellif bir başka ibadet çeşidine geçmektedir. Bu da kurban kesmektir. Diyor ki: Sen ona: Yüce Allah'ın: *"O halde Rabbin için namaz kıl ve kurban kes."* (el-Kevser, 108/2) buyruğunu bildiğine göre Allah'a itaat edip, O'nun için kurban kesecek olursan, bu bir ibadet olur mu? Kaçınılmaz olarak: Evet diyecek ve böylelikle yüce Allah için kurban kesmenin ibadet olduğunu itiraf edecektir. Buna göre bu işi Allah'tan başkasını maksat olarak gözetip, yapmak bir şirk olur. Merhum müellif bunu muhatabına söyletmek üzere şöyle demektedir: "Ona de ki: Sen bir mahluk için kurban kesecek olursan..." bu ise açıkça bağlayıcı ve itiraf edilmemesi kaçınılmaz bir açıklamadır.
Yine ona de ki: Haklarında Kur'ân'ın indiği müşrikler meleklere, salihlere, lat'a ve başka şeylere ibadet ediyorlar mıydı? Kesinlikle: evet diyecektir. Ona de ki: Peki o müşriklerin bu varlıklara ibadetleri dua, kurban kesmek, sığınmak ve buna benzer şekillerden başka bir şekilde mi oluyordu? Çünkü onlar kendilerinin Allah'ın kulları olduklarını, O'nun hakimiyeti altında olduklarını, işleri çekip çevirenin Allah olduklarını kabul ediyorlardı. Şu kadar var ki bu varlıklara konumları ve onların şefaatini elde etmek için dua edip, sığındılar. Bu da oldukça açık bir husustur.
Müellif "yine ona de ki:... müşrikler" sözleriyle daha önce kendisine işarette bulunduğu bir başka bağlayıcı ve kabul edilmesi gereken noktaya geçmektedir. O da bu şüphe uyandıran kimseye şu şekilde bir soru yöneltmektedir: Müşrikler meleklere, salihlere, lat'a ve başka şeylere ibadet ediyorlar mı? Kaçınılmaz olarak evet diyecektir. Bu sefer bir daha şu soru sorulsun: Onların ibadetleri dua, kurban kesmek, sığınmak ve buna benzer yollardan başkası ile mi gerçekleşiyordu? Hem onlar aynı zamanda Allah'ın kulları olduklarını, O'nun hakimiyeti altında bulunduklarını, işleri çekip çevirenin Allah olduğunu kabul ediyorlar fakat yine de konumları ve şefaatleri ümidiyle onlara dua edip, onlara sığındılar. -Daha önceden belirtildiği gibi- İşte şüphe içerisinde bulunup, şüphe uyandırmaya çalışanın içine düştüğü hal tamamıyla budur.

Rasûlullah'ın Şefaati

Şâyet: Sen Rasûlullah *sallallahü aleyhi vesellem*'ın şefaatini inkar ediyor ve böyle bir şeyin olmadığını mı söylüyorsun? dersen, sen de: Hayır ben onu inkar etmiyor ve onunla ilişkimin olmadığını söylemiyorum. Aksine o yüce Peygamber şefaat edilecektir, şefaati kabul edilecek olandır. Onun şefaatine nail olacağımı da ümit ederim, fakat şefaat bütünüyle Allah'ındır. Nitekim yüce Allah şöyle buyurmaktadır:
"De ki: Bütün şefaat Allah'ındır." (ez-Zümer, 39/44)
Müellif: "Eğer... dese" sözleri ile şunu kastetmektedir: Sana: Sen Peygamber *sallallahü aleyhi vesellem*'in şefaatini inkar ediyor musun? diyecek olsa... demektir. O bu sözlerini kendisine dua ettiğin takdirde Peygamber *sallallahü aleyhi vesellem*'in Allah nezdinde sana şefaat etmesini ummak ümidiyle dua etmenin caiz olduğunu kabul ettirsin diye söyler. Sen de ona şöyle de: Ben bu şefaati inkar etmiyorum, onunla ilişkimin olmadığını da söylemiyorum. Ancak ben şunu söylüyorum: Şefaat Allah'ındır ve bütün hususlarıyla O'nun elindedir. Dilediği vakit ve dilediği kimseler için bu hususta izin verecek olan da O'dur. Çünkü yüce Allah şöyle buyurmaktadır:
"De ki: Bütün şefaat Allah'ındır. Göklerle yerin mülkü yalnız O'nundur." (ez-Zümer, 39/44)

Şefaat yüce Allah'ın: *"Onun izni olmaksızın nezdinde kim şefaat edebilir?"* (el-Bakara, 2/255) buyruğunda belirtildiği gibi Allah izin vermedikçe gerçekleşmez. Herhangi bir kimse hakkında da yine Allah onun için izin vermedikçe şefaat olunmaz. Nitekim yüce Allah şöyle buyurmaktadır:
"Onun razı olduğu kimselerden başkasına şefaat etmezler." (el-Enbiya, 21/28)
Yüce Allah da tevhidden başkasına razı değildir. Nitekim O şöyle buyuruyor:
"Kim İslam'dan başka bir din ararsa, ondan asla kabul olunmaz." (Al-i İmran, 3/85)
"Şefaat... Allah izin vermedikçe olmaz." ifadeleriyle müellif şefaatin gerçekleşmesinin ancak iki şart ile mümkün olacağını açıklamaktadır.
Birinci şart yüce Allah'ın şefaate dair izin vermesidir. Bunun gerekçesi de: *"Onun izni olmadan nezdinde kim şefaat edebilir?"* (el-Bakara, 2/255) buyruğudur.
İkinci şart ise yüce Allah'ın hem şefaat edecek olandan, hem kendisine şefaat edilecek olandan razı olmasıdır. Buna sebeb de yüce Allah'ın şu buyruklarıdır:
"O günde rahmanın izin vereceği ve sözünden razı olacağı kimseninki müstesna şefaatin hiçbir faydası olmayacaktır." (Taha, 20/109)
"Onun razı olduğu kimselerden başkasına şefaat etmezler. Onlar korkusundan titrerler." (el-Enbiya, 21/28)
Bilindiği gibi yüce Allah ise bir kimseden ancak tevhid ile razı olabilir, onun küfre razı olmasına imkân yoktur. Çünkü yüce Allah şöyle buyurmaktadır:
"Eğer kâfir olursanız, şüphesiz Allah size muhtaç değildir. Bununla birlikte o kullarının kâfir olmalarına razı olmaz. Eğer şükür ederseniz, faydanız için ondan razı olur." (ez-Zümer, 39/7)
Yüce Allah küfre razı olmadığına göre kâfire şefaat edilmesine de izin vermeyecektir.
Şefaat bütünüyle Allah'ın olduğuna, O izin vermeden gerçekleşmeyeceğine, Peygamber *sallallahü aleyhi vesellem*'in da, başkasının da o kimse hakkında izin vermedikçe kimseye şefaat etmeyeceklerine, yüce Allah da ancak tevhid ehli olan kimselere şefaat yapılmasına izin vereceğine göre açıkça şu anlaşılmaktadır. Şefaat bütünüyle Allah'a aittir, o halde şefaati O'ndan istemelidir. O bakımdan (mesela) ben şöyle derim: Allah'ım beni onun şefaatinden mahrum etme, Allah'ım onu bana şefaatçi kıl ve benzeri ifadeler kullanılır.
"Şefaat tümü ile Allah'ın olduğuna göre..." sözleriyle müellif *Allah ona rahmet etsin* şunu anlatmak istemektedir: Şefaat tümüyle Allah'a ait olduğuna, O'nun izni olmadan gerçekleşmeyeceğine, ancak O'nun razı olacağı kimselere yapılacağına, tevhidden başkasına da Allah rıza göstermediğine göre şefaatin peygamberden değil de Allah'tan başkasından istenmemesi gerekir. O bakımdan şefaati dileyen kimse: Allah'ım peygamberini bana şefaatçi kıl, Allah'ım beni şefaatinden mahrum bırakma ve benzeri sözlerle dua eder.
Eğer: Peygamber *sallallahü aleyhi vesellem*'e şefaat verilmiş, ben de ondan Allah'ın verdiğinden istiyorum diyecek olursa, şöyle cevab verilir:
Allah şefaati peygamberine vermiş, bununla birlikte sana böyle bir istekte bulunmayı yasaklayarak: *"Onun için Allah ile birlikte hiçbir kimseye dua etmeyin."* (el-Cin, 72/18) diye buyurmaktadır. Eğer sen peygamberinin sana şefaatçi kılması için ona dua edecek olursan, yüce Allah'a: *"Onun için Allah ile birlikte hiçbir kimseye dua etmeyin"* buyruğunda itaat etmeniz. Çünkü şefaat Peygamber *sallallahü aleyhi vesellem*'dan başkasına da verilmiştir. Meleklerin şefaatçi olacaklarını, evliyanın şefaat edecekleri, küçük yaşta ölen çocukların şefaat edecekleri sahih rivayetlerle sabittir. Sen: Allah onlara şefaati vermiştir, ben de onlardan istiyorum diyor musun? Eğer böyle bir şey söylüyor isen şüphesiz ki yüce Allah'ın kitabında sözünü ettiği salihlere ibadete dönmüş oluyorsun. Şâyet hayır diyorsan, o vakit "Allah ona şefaat etmeyi vermiştir ve ben o şefaati ondan Allah'ın ona verdiğinden istiyorum" şeklindeki görüşün de çürütülmüş olmaktadır.
Eğer Rasûlullah *sallallahü aleyhi vesellem*'a dua eden müşrik kimse: Allah Muhammed *sallallahü aleyhi vesellem*'e şefaatte bulunmayı vermiştir. Ben de şefaati ondan istiyorum diyecek olursa, ona üç türlü cevab verilebilir:
1- Yüce Allah ona şefaat etmeyi vermiş fakat sana da Allah'a dua ederken O'na şirk koşmayı yasaklayarak: *"Onun için Allah ile birlikte hiçbir kimseye dua etmeyin."* (el-Cin, 72/18) diye buyurmaktadır.
2- Yüce Allah ona şefaatte bulunmayı vermiş olmakla birlikte o *sallallahü aleyhi vesellem* Allah izin vermedikçe şefaat de etmez, Allah'ın razı olacağı kimselerden başkasına da şefaat etmez. Müşrik olan bir kimseden ise elbetteki Allah razı olmaz ve yüce Allah'ın buyurduğu gibi ona şefaatte de bulunulmaz yahut kendileri de şefaat edemezler: *"Onun razı olduğu kimselerden başkasına şefaat etmezler."* (el-Enbiya, 21/28)
3- Yüce Allah Muhammed *sallallahü aleyhi vesellem*'den başkasına da şefaat etme imkanını vermiştir. Melekler şefaat edecekler, küçük yaşta ölen çocuklar şefaat edecekler, evliya şefaat edeceklerdir. Böyle diyen kimseye sen de: Peki bütün bunlardan şefaatçi olmalarını istiyor musun? diye sor. Şâyet hayır diyecek olursa, böylelikle delili çürütülmüş, iddiası ortadan kalkmış olur. Şâyet evet diyecek olursa, o takdirde o salihlere ibadet edileceği görüşünü kabule dönmüş olur.
Diğer taraftan bu şekilde şüpheci müşrik aslında Rasûlullah *sallallahü aleyhi vesellem*'tan kendisine şefaat etmesini istememektedir. Eğer bu böyle bir şeyi istemiş olsaydı: Allah'ın, peygamberin ve rasûlün olan Muhammed *sallallahü aleyhi vesellem*'i hakkımda şefaatçi kıl demeliydi. Fakat o doğrudan doğruya Allah Rasûlüne dua etmektedir. Allah'tan başkasına dua etmek ise kişiyi dinden çıkartan büyük şirktir. Peki Allah ile

birlikte başkasına dua eden böyle bir kimse nasıl olur da Allah'ın yanında herhangi bir kimsenin kendisine şefaatçi olmasını isteyebilir.

Müellif "melekler şefaat edecektir, evliya şefaat edecektir" şeklindeki sözlerinin dayanağına gelince, Ebu Said el-Hudrî *radıyallahu anh*. Peygamber *sallallahü aleyhi vesellem*'den belirttiğine göre -Müslim'in uzunca rivayet ettiği hadiste- yüce Allah'ın şöyle buyuracağı kaydedilmektedir:

"Melekler şefaat etti, peygamberler şefaat etti ve müminler şefaat etti..."[14]

Müellifin "küçük yaşta ölen çocuklar da şefaat ederler" sözlerinde geçen "el-efrad: küçük yaşta ölen çocuklar" ergenlik yaşına ulaşmadan önce ölen çocuklar demektir. Bu görüşün dayanağı da Ebu Hureyre *radıyallahu anh*.'ın Peygamber *sallallahü aleyhi vesellem*'den rivayet ettiği şu hadistir:

"Üç tane çocuğu ölen hiçbir müslüman -(yüce Allah'ın bu husustaki) kasemi gereği müstesna- asla cehenneme girmez."

Bu hadisi Buhari rivayet etmiştir. Yine Buhari'de gerek Ebu Hureyre'den gerek Ebu Said el-Hudri'den gelen bir başka rivayette: *"Henüz ergenlik yaşına ulaşmamış..."* ifadesi de yer almaktadır.

Salihlere Sığınmak Şirktir

Eğer: Ben Allah'a hiçbir şeyi ortak koşmuyorum, asla. Fakat salihlere sığınmak da şirk değildir derse, ona şöyle deriz:

Allah'ın şirk koşmayı, zinayı haram kıldığından daha ağır bir şekilde haram kıldığını kabul ettiğine Allah'ın şirki bağışlamayacağını kabul ettiğine göre peki Allah'ın haram kılmış olduğu ve bağışlamayacağını belirttiği bu husus nedir? Bu (senin açıklamana göre) bilinmeyen bir şeydir. (Devamla) ona de ki: Sen mahiyetini bilmediğin şirkten uzak olduğunu nasıl söyleyebilirsin? yahut Allah onu nasıl böyle bir işi haram kılar, mağfiret etmeyeceğini belirtir ve sen bunun ne olduğuna dair soru sormuyor, bunu bilmiyorsun. Yoksa Allah bunu haram kılmış olmakla birlikte onu bize açıklamamış olduğunu mu zannediyorsun.

Şirk koşan bu şahıs: Ben Allah'a hiçbir şeyi ortak koşmuyorum. Salihlere sığınmak ise şirk değildir diyecek olursa, ona şöyle cevab verilir: Sen Allah'ın şirki zinayı haram kıldığından daha ileri derecede haram kıldığını ve Allah'ın onu bağışlamayacağını kabul etmiyor musun? (ettiğine göre) o halde şirk nedir? Bu durumda o ne olduğunu bilemeyecek ve Rasûlullah *sallallahü aleyhi vesellem*'dan şefaatı istemenin şirk olmadığına inandığı sürece doğru bir cevab veremeyecektir. İşte bu onun yüce Allah'ın pek büyük olarak gördüğü ve hakkında: *"Şüphesiz ki şirk pek büyük bir zulümdür."* (Lokman, 31/13) diye buyurduğu şirki bilmediğini gösterir.

Müellifin "ona: ...uzak olduğunu nasıl söyleyebilirsin" ifadeleri de şu demektir: O kişi salihlere sığınmakla birlikte şirkten uzak olduğunu söyleyecek olursa, buna iki türlü cevab verilir:

1- Sen şirki bilmediğin halde, şirkten uzak olduğunu nasıl söyleyebilirsin? Bir şey hakkında hüküm vermeden önce onun ne olduğunun bilinmesi anlaşılması gerekmez mi? Şirki bilmediğin halde ondan uzak olduğuna dair hüküm vermen bilgisizce hüküm vermek olduğundan bu red edilir.

2- Niçin diye sorulur. Yani sen yüce Allah'ın zinadan ve haksızca insan öldürmekten daha ileri derecede haram kılıp, işleyenine cehennem azabını vacib kılıp, cenneti haram kıldığı şirke dair nasıl soru sorarsın. Yüce Allah'ın bunu kullarına açıklamadan haram kıldığını mı zannedersin? O kesinlikle böyle bir şey yapmamıştır.

Şirki; Putlara Tapınmaktan İbaret Zannetmenin Yanlışlığı

Şâyet: Şirk putlara ibadet etmektir. Bizlerse putlara ibadet etmiyoruz derse ona: Putlara ibadet etmenin anlamı nedir? Onların bu tahtadan, taşlardan yapılmış varlıkların yarattığına, rızık verdiğine, kendilerine dua edenlerin işlerini çekip çevirdiğine inandıklarını mı zannediyorsun? Böyle bir kanaatte bulunmadıklarını Kur'ân-ı Kerim ortaya koymaktadır.

Yani bu şüpheci müşrik sana: Şirk putlara ibadet etmektir. Biz ise putlara ibadet etmiyoruz diyecek olursa, ona iki şekilde cevab ver:

Putlara ibadet etmenin mahiyeti nedir? diye sor. Sen o putlara ibadet eden kimselerin bu putların yarattıklarına, rızık verdiklerine, kendilerine dua eden kimselerin işlerini çekip çevirdiklerine inandıklarını mı sanıyorsun? Eğer böyle bir iddiada bulunacak olursa, Kur'ân-ı Kerim onun bu iddiasını yalanlamış bulunmaktadır.

Şâyet: Şirk bir tahtaya, bir taşa yahut bir kabir üzerindeki bir binaya ya da başka bir şeye yönelmek ve ona dua edip, ona kurban kesip, bu yüce Allah'a bizi yakınlaştırır, bereketiyle Allah ondan belaları def eder, bereketiyle Allah ona bize bir şeyler verir demeleridir diyecek olursa, ona şöyle denilir:

Evet doğru söyledin. İşte sizin de taşların üzerinde kabir ve benzeri binaların bulunduğu yerlerde yaptığınız budur. İşte böylece o yapılan bu işin putlara bir ibadet olduğunu itiraf etmiş olur. Zaten istenen de budur.

Müellifin "şâyet ... dese" sözleri bizim: "Eğer böyle bir iddiada bulunursa, Kur'ân-ı Kerim'i yalanlamış olur" sözlerinin bir karşılığı demektir. Bu da şu demektir: Eğer bu şahıs putlara ibadet etmek demek, putun tahtasına, taşına yahut kabir üzerindeki bir binaya ya da bir başka şeye dua ederek yönelmektir, onun için kurban kesmektir

---

ve onun hakkında: O bizi yüce Allah'a yakınlaştırmaktadır demeleridir. Bu sefer biz de şöyle deriz: Doğru söyledin, senin bu işin de bu anlatılanla aynı şeydir. Buna göre sen de bizzat kendi aleyhine yaptığın ikrarın ile müşrik olursun, anlatılmak istenen de zaten budur.

Yine bu kimseye şöyle denilir: Sen şirk putlara ibadet etmektir derken, maksadın şirkin bundan ibaret olduğunu anlatmak ve salihlere güvenip, onlara dua etmenin bunun kapsamına girmediğini söylemek midir? Böyle bir iddiayı yüce Allah'ın kitabında sözünü ettiği meleklere, İsa'ya ya da salihlere güvenen kimselerin kâfir olduğuna dair açıklamaları reddetmektedir.

Bu durumda Allah'a ibadette salih kimselerden herhangi bir kimseyi ortak koşanların yaptıkları bu işin Kur'ân-ı Kerîm'de sözü geçen şirkin kendisi olduğunu kaçınılmaz olarak kabul edecektir. Zaten istenen de budur.

Müellifin: "Yine ona sen şirk putlara ibadet etmekten ibarettir" sözlerinden itibaren "zaten istenen budur" sözlerine kadarki ifadeleri bu tür şüphelere verilen ikinci cevabtır. Bu cevab da şöyledir: Senin maksadın şirkin bu hale mahsus olduğunu salihlere güvenip, onlara dua etmenin bunun kapsamına girmediğini söylemek midir? Eğer böyle ise bunu Kur'ân reddetmektedir. O vakit salihlerden herhangi bir kimseyi, herhangi bir ibadette ortak koşan kimsenin Kur'ân-ı Kerîm'de sözü edilen şirk olduğunu kaçınılmaz olarak kabul edecektir, istenen de budur.

Meselenin özü şudur: O: Ben Allah'a ortak koşmuyorum diyecek olursa, ona peki Allah'a ortak koşmak nedir? Onu bize açıkla denilir. Eğer: Allah'a ortak koşmak putlara ibadet etmektir derse, Ona: Peki putlara ibadet etmek nedir? Onu bana açıkla denilir.

"Meselenin özü şudur" sözleri şu demektir: Meselenin özü: bu şahıs ben Allah'a ortak koşmuyorum diyecek olursa, sen de ona Allah'a ortak koşmanın anlamı nedir diye sor. Şâyet: Allah'a ortak koşmak putlara ibadet etmektir diyecek olsa, sen de ona peki putlara ibadet etmek ne demektir? diye sor ve daha önce geçen açıklamalar çerçevesinde onunla tartışmayı sürdür.

Şâyet o "ortak koşmak, putlara ibadet etmektir..." sözleri de şu demektir: Allah'a ortak koşan bu müşrik şahıs Allah'tan başkasına ibadet etmediğini ileri sürerse, ona: Tek başına Allah'a ibadet etmek ne anlama gelir diye sor. Bu durumda üç halden biri sözkonusudur:

1- İbadeti Kur'ân-ı Kerîm'in delalet ettiği şekliyle açıklayacaktır, istenen ve kabul edilen budur. Bu açıklama ile de onun bir ve tek olarak Allah'a ibadeti gerçekleştirmediği ortaya çıkmış olacaktır. Çünkü o (sözü geçen hareketleriyle) ona şirk koşmaktadır.

2- O ibadetin anlamını bilmemektedir. O vakit ona şöyle denilir: Sen bilmediğin bir şey ile ilgili olarak nasıl iddiada bulunabilirsin. Yoksa sen bu hususta kendi adına, kendin için hüküm mü vermektesin. Halbuki bir şeye dair hüküm vermek onu gereği gibi bilmenin bir sonucudur.

3- Allah'a ibadet etmeyi başka bir anlamla açıklaması sözkonusu olabilir. Bu durumda da şirkin ve putlara ibadetin şer'î anlamını ona açıklamak suretiyle yanlışlığını da açıkça görmüş olur. Şirkin onların yaptıkları ile aynı şey olduğunu ve bununla birlikte kendilerinin şirk koşmayan muvahhid kimseler olduklarını iddia ettikleri şey ile aynı olduğunu açıkça anlar.

Şâyet: Ben Allah'tan başkasına ibadet etmiyorum derse, ona şöyle denilir: Allah'a ibadet etmenin anlamı nedir? Onu bana açıklar mısın? Eğer Allah'a ibadeti Kur'ân'ın açıkladığı şekilde açıklarsa, istenen açıklama şekli budur. Bu şekilde açıklamayacak olursa, bilmediği bir şeyi yaptığını nasıl iddia edebilir.

Eğer bunu anlamından başka türlü açıklayacak olursa, sen de Allah'a ortak koşmak ve putlara ibadet etmeye dair açık ve anlaşılır olan âyetlerin ne anlama geldiğini ve onların o yaptıkları ile günümüzde bunların yaptıkları şeylerin aynısı olduğu ifade edilir.

Allah'a hiçbir şeyi ortak koşmaksızın, bir ve tek olarak ibadet etmenin onların bize karşı tepki göstermelerine ve tıpkı önceki kardeşlerinin bağırıp çağırdıkları gibi bize karşı bağırıp, çağırmalarına sebeb olduğu anlatılır. Çünkü onlar şöyle demişlerdi:

"Acaba o bunca ilâhı tek bir ilâh mı yaptı. Muhakkak bu çok şaşılacak bir şeydir." (Sad, 38/5)

Yani yine bu kimseye bir ve tek olarak Allah'a ibadet etmenin, onların bize karşı kendisi sebebiyle tepki gösterip, geçmişlerinin yaptığı gibi bağırıp çağırarak başımıza kıyametleri kopardıkları konum ile aynı olduğu anlatılır. Çünkü geçmişleri Rasûlullah *sallallahü aleyhi vesellem*'a şöyle demişlerdi:

"Acaba o bunca ilâhı tek bir ilâh mı yaptı. Muhakkak bu çok şaşılacak bir şeydir. Onlardan ele başıları: Yürüyün ve ilâhlarınıza direnin, şüphesiz ki bu istenen bir şeydir diyerek kalkıp, gittiler. Biz bunu öbür dinde işitmedik, bu ancak bir uydurmadır." (Sad, 38/5-7)

Eskilerin Şirki Şimdikilerden Hafifti

Müşriklerin günümüzde "inancın büyüğü" diye ad verdikleri bu hususun Kur'ân-ı Kerîm'de belirtilen ve Rasûlullah *sallallahü aleyhi vesellem*'ın kendisine karşı savaş verdiği şirk ile aynı şey olduğunu bildiğimize göre şunu da belirtelim ki öncekilerin şirki günümüzün şirkine göre iki sebebten dolayı daha hafiftir. Birincisi öncekiler ancak bolluk ve rahatlık zamanında melekleri, velileri ve putları Allah'a ortak koşuyor ve onlara dua ediyorlardı. Darlık zamanlarında ise dualarını yalnızca Allah'a yapıyorlardı. Nitekim yüce Allah şöyle buyurmaktadır:

"Denizde size bir sıkıntı dokunduğu zaman ondan başka taptığınız herkes kaybolur. Fakat o sizi kurtarıp, karaya çıkarınca yüz çevirirsiniz. Zaten insan çok nankördür." (el-İsra, 17/67)

Müellifin "günümüzde müşriklerin... bildiğimize göre" sözleri şu demektir: Sen ibadetin anlamını ve -müellifin-kendi döneminde o müşriklerin izledikleri yolun tıpkı Peygamber *sallallahü aleyhi vesellem*'in dönemindeki müşriklerin izlediği yol ile aynı olduğu anlaşıldığına göre bunların şirklerinin Peygamber *sallallahü aleyhi vesellem*'in kendileriyle savaşmış olduğu kimselerin şirkinden iki yönüyle daha büyük olduğu da anlaşılmış olur. Evvela bunlar hem rahatlık ve bolluk zamanlarında, hem de sıkıntılı zamanlarında Allah'a ortak koşmaktadırlar. Rasûlullah *sallallahü aleyhi vesellem*'in aralarında peygamber olarak gönderdiği o müşrikler ise sadece bolluk ve rahatlık zamanlarında ortak koşuyorlar, fakat darlık ve sıkıntılı zamanlarında ihlasla Allah'a yöneliyorlardı. Nitekim yüce Allah: *"Denizde size bir sıkıntı dokunduğu zaman ondan başka taptığınız herkes kaybolur."* (el-İsra, 17/67) diye buyurmaktadır. Gemiye bindikleri vakit dini Allah'a halis kılarak, Allah'a dua ediyorlar, O'ndan başkasına dua etmiyorlar, başkasından istekte bulunmuyorlardı. Daha sonra onları kurtarıp, karaya çıkınca da hemen ortak koşmaya koyuluyorlardı ya da onların bir kesimi Allah'a ortak koşuyorlardı. İki bakımdan birisi budur.

Yüce Allah bir başka yerde şöyle buyurmaktadır:

"Sen de ki: Eğer size Allah'ın azabı gelirse yahut size kıyamet gelip çatarsa, Allah'tan başkasını mı çağıracaksınız. Şâyet doğru kimseler iseniz bana söyleyin. Hayır, yalnız O'na yalvarırsınız, O da dilerse yalvardığınız şeyi giderir, siz de şirk koştuğunuz şeyleri unutursunuz." (el-En'am, 6/40-41)

"İnsana bir zarar isabet etse, o Rabbine dönerek O'na dua eder... de ki küfrünle biraz eylenedur, muhakkak sen cehennemliklerdensin." (ez-Zümer, 39/8)

Bir başka yerde de şöyle buyurmaktadır:

"Onları dağlar gibi bir dalga kapladığında dinlerini yalnız Allah'a halis kılanlar olarak O'na dua ederler." (Lokman, 31/32)

Bu da aynı şekilde o müşriklerin rahat ve bolluk zamanlarında Allah'a ortak koştuklarını, azab yahut kıyamet gelip kendilerini bulduğunda Allah'tan başkasına dua etmediklerini göstermektedir. Nitekim yüce Allah şöyle buyurmaktadır:

"Hayır, yalnız O'na yalvarırsınız. O da dilerse, yalvardığınız şeyi giderir, siz de şirk koştuğunuz şeyleri unutursunuz." (el-En'am, 6/41)

O müşrikler bu hallerinde ortak koştukları varlıkları unuturlar ve Allah'tan başkasına dua etmezlerdi.

Bir sonraki âyet (ez-Zümer, 39/8) de önceki iki âyet gibi insanın bir sıkıntı ile karşılaştığında Allah'a yönelerek O'na dua ettiğini fakat Allah'tan bir nimet ile karşılaştığında daha önce dua ettiğini unutup, Allah'a -Allah'ın yolundan saptırmak için- birtakım ortaklar koştuğunu göstermektedir. Böylelikle o rahat ve bolluk zamanında Allah'a ortak koşar, darlık ve sıkıntılı zamanlarında O'na ihlasla yönelir.

Bir sonraki âyette aynı şekilde önceki âyetler gibi bu müşriklerin bolluk ve rahat zamanlarında Allah'a ortak koştuklarını, darlık ve sıkıntılı zamanlarda ise yalnızca Allah'a sığındıklarını göstermektedir.

Yüce Allah'ın kitabında açıkladığı bu meseleyi kavrayan bir kimse... yani Rasûlullah *sallallahü aleyhi vesellem*'ın kendileriyle savaşmış olduğu müşriklerin rahat ve bolluk halinde hem Allah'a, hem de ondan başkasına dua ettiklerini fakat darlık ve sıkıntılı zamanlarında ise O'na hiçbir ortak koşmaksızın bir ve tek olarak Allah'a dua ederek kendi efendilerini (ortak koştukları putlarını) unuttuklarını anlayan bir kimse günümüz insanlarının şirki ile öncekilerin şirki arasındaki farkı da açıkça anlamış olur. Ancak bu meseleyi kalbiyle sağlam bir şekilde kavrayan kimse nerede? Allah'tan yardımını dileriz.

Müellif şunu açıklamaktadır: Kendi dönemindeki müşriklerin şirki Rasûlullah *sallallahü aleyhi vesellem*'ın döneminin şirkinden daha ağırdı. Çünkü onun dönemindeki müşrikler hem rahat ve bolluk zamanlarında, hem darlık ve sıkıntılı zamanlarında Allah'tan başkasına dua ediyorlardı. Ancak Rasûlullah *sallallahü aleyhi vesellem*'ın dönemindeki müşrikler ise darlık ve bolluk zamanlarında Allah'a ve Allah'tan başkasına dua ederlerken, zorluk ve sıkıntılı zamanlarında Allah'tan başkasına dua etmiyorlardı. İşte bu onun dönemindeki müşriklerin şirklerinin Rasûlullah *sallallahü aleyhi vesellem*'ın dönemindeki müşriklerin şirkinden daha büyük olduğunu göstermektedir.

İşte bu meseleyi kavrayan kimse her iki şirk arasındaki farkı da açıkça anlamış olur. Yani müellifin dönemindeki müşrikler ile Rasûlullah *sallallahü aleyhi vesellem*'ın dönemindeki müşrikler arasındaki farkı anlamış olur. Şunu da anlar ki öncekilerin şirki müellifin kendi dönemindekilerin şirkinden daha hafiftir, fakat kalbi ile bunu anlayacak insanlar nerede? İnsanların çoğu bundan yana gaflet içindedirler. İnsanların çoğu hak ile batılı karıştırmakta, batılı hak zannetmekte, hakkı da batıl sanmaktadırlar.

İkinci hususa gelince, öncekiler Allah ile birlikte peygamber, evliya, melek gibi ya Allah'a yakın kimselere dua ederlerdi yahutta herhangi bir şekilde isyan etmeleri sözkonusu olmayan, Allah'a itaat eden ağaçlara, taşlara dua ederlerdi. Günümüzün insanları ise Allah ile birlikte insanların en fasıklarından olan birtakım kimselere dua etmektedirler. Onlara dua eden kimseler ise zina, hırsızlık, namazı terketmek ve buna benzer çeşitli günahkarlıklarını da nakletmektedirler.

"İkinci hususa gelince" sözleri şu demektir: Öncekilerin şirk koşmalarının günümüzün insanlarının şirklerinden daha hafif olduğunu açıklamaya dair ikinci husus şudur: Rasûlullah *sallallahü aleyhi vesellem* dönemindeki müşrikler ya evliyaullah gibi Allah'a yakın kimselere yahutta taş, ağaç gibi Allah'a itaat eden ve O'nun önünde zilletle boyun eğen varlıklara dua ederlerdi. Bunlar ise yani onun dönemindeki müşrikler ise kendilerinden türlü günahkârlıkları zina, hırsızlık ve buna benzer Allah'a masiyet olan diğer işleri işlediklerini naklettikleri kimselere dua ederler. Bilinen bir husus da şudur ki salih bir kimse hakkında ya da yüce Allah'a isyan etmeyen cansız bir varlık hakkında belirli bir inanç besleyen kimse fasıklığı görülen ve bu hususta şahitlik bulunan kimseler hakkında birtakım inanç besleyenlerinkinden daha hafiftir. Bu da açıkça görülen bir husustur.

Biz Allah'a, Rasûlullah'a ve Ahiret'e İnanıyoruz Diyerek Müşriklikten Sıyrılmak İsteyenlerin Şüphesi

Salih kişi yahutta tahta ve taş gibi isyan etmesi sözkonusu olmayan bir varlığa inanan kimse fasıklığı, fesadı tanık olunan ve görülen kimseye inanan şahıstan daha ehvendir.

Böylelikle Rasûlullah *sallallahü aleyhi vesellem*'ın kendileri ile savaşmış olduğu kimselerin bunlara göre daha sağlıklı bir akla sahib oldukları, şirklerinin de daha hafif olduğu açıkça anlaşıldığına göre şunu bilmek gerekir ki bu gibi kimselerin bizim sözünü ettiğimiz hususlara karşılık olarak ileri sürdükleri bir şüpheleri vardır. Bu da onların bu husustaki şüphelerinin en büyüğüdür. Şimdi bu şüpheye karşı verilen cevaba kulak verelim. Şüpheleri şudur:

Onlar diyorlar ki: Haklarında Kur'ân-ı Kerim'in nazil olduğu kimseler Allah'tan başka hiçbir ilâhın bulunmadığına şahitlik etmeyen kimselerdir. Rasûlullah *sallallahü aleyhi vesellem*'ı yalanlayıp, ölümden sonra dirilişi inkar edenlerdir. Onlar Kur'ân'ı da yalanlıyor ve büyü olduğunu kabul ediyorlardı. Bizler ise Allah'tan başka hiçbir ilâh olmadığına, Muhammed'in Allah'ın Rasûlü olduğuna şahitlik ediyor, Kur'ân'ı tasdik ediyor, öldükten sonra dirilişe iman ediyor, namaz kılıyor, oruç tutuyoruz. Peki bizleri nasıl sözü edilen o putperestler gibi değerlendirebilirsiniz?

Müellif bu ifadeleri ile bu gibi kimselerin ortaya attıkları şüphelerinin en büyüklerinden birisini dile getirmekte ve ona cevab vererek şöyle demektedir: Peygamber *sallallahü aleyhi vesellem*'in dönemindeki müşriklerin bunlara göre akıl itibariyle daha sağlam, şirkleri itibari ile de daha hafif olduğu açıkça anlaşıldığına göre şunu bilmek gerekir ki onlar şu sözleri ile bir şüpheyi ortaya koymaktadırlar: Rasûlullah *sallallahü aleyhi vesellem*'ın dönemindeki müşrikler Allah'tan başka ilâh olmadığına, Muhammed'in Allah'ın Rasûlü olduğuna şahitlik etmiyor. Öldükten sonra dirilişe ve hesaba iman etmiyor, Kur'ân'ı yalanlıyorlardı. Bizler ise -yani müellif kendi döneminin müşriklerini kastediyor- Allah'tan başka hiçbir ilâh olmadığına, Muhammed'in Allah'ın Rasûlü olduğuna şahitlik ediyor, Kur'ân'ı doğruluyor, ölümden sonra dirilişe iman ediyor, namazı kılıyor, zekatı veriyoruz, ramazan ayında da oruç tutuyoruz peki bizleri nasıl olur da onlar gibi değerlendiriyorsunuz?

Gerçekten bu büyük bir şüphedir.

Buna verilecek cevab şudur: Bir kimse Rasûlullah *sallallahü aleyhi vesellem*'ı herhangi bir hususta tasdik edip de bir başka hususta onu yalanlayacak olursa, o kişinin kâfir olup, İslama girmemiş bir kimse olarak değerlendirileceği hususunda bütün ilim adamları arasında hiçbir görüş ayrılığı yoktur. Kur'ân'ın bir kısmına iman edip, bir kısmını inkar eden kimsenin durumu da böyledir. Mesela tevhidi kabul edip, namazın farz olduğunu inkar eden yahut tevhidi ve namazı kabul etmekle birlikte zekatın farz olduğunu inkar eden yahut bütün bunları kabul etmekle birlikte orucu inkar eden ya da bütün bunları kabul etmekle birlikte haccı inkar eden kimse de böyledir. Peygamber *sallallahü aleyhi vesellem*'ın dönemindeki birtakım insanlar hac emrini kabul etmediklerinden ötürü yüce Allah o kimseler hakkında şöyle buyurmuştur:

"Oraya bir yol bulabilenlerin o evi haccetmesi Allah'ın insanlar üzerindeki bir hakkıdır. Artık kim inkar ederse, şüphesiz ki Allah alemlere muhtaç değildir." (Al-i İmran, 3/97)

Müellif şunları söylemektedir: Bu gibi kimseler bu sözü söyleyecek olsalar yani Allah'tan başka hiçbir ilâh olmadığına, Muhammed'in Allah'ın Rasûlü olduğuna... şehadet edecek olsalar, nasıl kâfir olabilirler şeklindeki şüphelerinin cevabı şudur:

İlim adamları Rasûlullah *sallallahü aleyhi vesellem*'ın getirdiklerinin bir bölümünü inkar edip, onu yalanlayan kimselerin bütün getirdiklerini yalanlayarak inkar eden kimse gibi olduğunu, peygamberlerden birisinin peygamberliğini inkar edenin bütün peygamberlerini inkar eden kimse gibi olduğunu icma ile ifade etmişlerdir. Çünkü yüce Allah şöyle buyurmaktadır:

"Şüphe yok ki Allah'ı ve peygamberlerini inkar ederek kâfir olanlar bir de Allah ve peygamberlerinin arasını ayırmak isteyenler ve: Kimine inanırız, kimini inkar ederiz diyenler, böylece bunun arasında bir yol tutmaya yeltenenler, işte onlar gerçek kâfirlerin ta kendileridir." (en-Nisa, 4/150-151)

Yüce Allah'ın İsrailoğulları hakkındaki şu buyruğu da bunu gerektirmektedir:

"Yoksa siz kitabın bir kısmına inanıyorsunuz da, bir kısmını inkar mı ediyorsunuz? İçinizden böyle yapanların cezası dünyada horlanmaktan başka bir şey değildir. Kıyamet gününde ise azabın en şiddetlisine döndürülürler. Allah yaptıklarınızdan gafil değildir." (el-Bakara, 2/85)

Daha sonra müellif bunlara birtakım misaller vermektedir:

Birinci örnek namazdır. Kim tevhidi kabul eder, namazın farz olduğunu inkar ederse kâfirdir.

"Yahut tevhidi kabul edip..." sözleri ikinci örnektir. Böyle bir kimse tevhidi ve namazı kabul etmekle birlikte, zekatın farz olduğunu inkar eden kimsedir. Bu da kâfir olur.

Üçüncü örnek sözü edilen hususların farz olduğunu kabul etmekle birlikte, namazın farz olduğunu inkar eden kimsedir, bu da kâfirdir.

Dördüncü örnek ise bütün bunları kabul etmekle birlikte haccın farziyetini inkar eden kimsedir, böyle birisi de kâfirdir. Müellif buna yüce Allah'ın şu buyruğunu delil göstermektedir:

"Oraya bir yol bulabilenlerin o evi haccetmesi Allah'ın insanlar üzerindeki bir hakkıdır. Artık kim inkar ederse, şüphesiz ki Allah alemlere muhtaç değildir." (Al-i İmran, 3/97)

Müellifin: "Peygamber *sallallahü aleyhi vesellem*'in dönemindeki birtakım insanlar haccın farziyeti emrini kabul etmeyince..." şeklindeki ifadelerin zahirinden anlaşıldığına göre bu âyetin sebeb-i nüzulu budur. Ancak ben müellifin sözünü ettiği bu hususa dair bir delil bilemiyorum.

Kim bütün bunları kabul eder ve öldükten sonra dirilişi inkar ederse, yine icma ile kâfir olur, onun kanı ve malı da helal olur.

Müellifin: "Kim bütün bunları kabul ederse" sözleri şu demektir: Yani Allah'tan başka ilâh olmadığına, Muhammed'in Allah'ın Rasûlü olduğuna namazın, zekatın, orucun ve haccın farz olduğuna tanıklık etmekle birlikte öldükten sonra dirilişi yalanlayacak olursa, yüce Allah'ın şu buyruğu dolayısı ile kâfir olur:

"Kâfir olanlar öldükten sonra asla diriltilmeyeceklerini iddia ettiler. De ki: Hayır, Rabbim hakkı için elbette diriltileceksiniz. Sonra da işlediğiniz mutlaka size haber verilecektir. Hem bu Allah'a göre pek kolaydır." (et-Teğabun, 64/7)

Müellif ayrıca bu hususta icma bulunduğunu da belirtmektedir.

Nitekim yüce Allah şöyle buyurmaktadır:

"Şüphe yok ki Allah'ı ve peygamberlerini inkar ederek kâfir olanlar bir de Allah ve peygamberlerinin arasını ayırmak isteyenler ve: Kimine inanırız, kimini inkar ederiz diyenler, böylece bunun arasında bir yol tutmaya yeltenenler, işte onlar gerçek kâfirlerin ta kendileridirler. Biz o kâfirlere alçaltıcı bir azab hazırlamışızdır." (en-Nisa, 4/150-151)

Müellifin: "Nitekim yüce Allah şöyle buyurmaktadır: *"Şüphe yok ki Allah'ı ve peygamberlerini inkar ederek kâfir olanlar..."* âyetlerine dair açıklamalar daha önceden geçmiş bulunmaktadır. Müellif bu buyrukları hakkın bir bölümüne iman edip, bir bölümüne inanmamanın yüce Allah'ın buyruğunun da ifade ettiği gibi hepsini inkar etmek ile aynı şey olduğuna delil göstermek üzere zikretmişlerdir.

Yüce Allah Kitab-ı Keriminde Kitabın bir bölümüne iman edip, bir bölümünü inkar edenin gerçekten kâfir olduğunu açıkça ifade etmiş olduğuna göre bu husustaki şüphe de ortadan kalkmış olmaktadır. İşte bu şüphe el-ahsa ahalisinden birisinin bize göndermiş olduğu mektubunda sözkonusu ettiği şüphedir.

Ben bu mektuba dair herhangi bir şey bilemiyorum. Mektubun araştırılması gerekir.

Yine şöyle denilmektedir: Sen Rasûlullah *sallallahü aleyhi vesellem*'ı her hususta tasdik edip, namazın farz olduğunu inkar eden kimsenin icma ile kanı ve malı helal bir kâfir olduğunu kabul ettiğine göre aynı şekilde ölümden sonra diriliş dışında herbir şeyi kabul edenin de bu durumda olduğuna yine ramazan ayı orucunun farz olduğunu inkar etmekle birlikte, diğer bütün hususları tasdik etmesi halinde de bu durumda olduğunu ve bu hususta mezheb alimlerinin herhangi bir görüş ayrılıkları bulunmadığını kabul ettiğine göre -daha önce sözünü ettiğimiz gibi- Kur'ân-ı Kerim de bunu böylece ifade ettiğine göre; anlaşılmaktadır ki:

Tevhid Peygamber *sallallahü aleyhi vesellem*'in getirdiği en büyük bir farzdır. Namazdan, zekattan, oruçdan ve hacdan da büyüktür. O halde insan bu hususlardan birisini inkar ettiği taktirde -Rasûlullah *sallallahü aleyhi vesellem*'ın getirdiklerinin hepsinin gereğince amel etse dahi- kâfir oluyor da bütün rasûllerin dini olan tevhidi inkar etmesi halinde nasıl olur da kâfir kabul edilemez. Subhanallah! Bu ne büyük bir cehalettir.

Müellifin: "Yine şöyle denilir: Sen... kabul ettiğine göre" diye devam eden ifadeleri ikinci bir cevabtır. Bu cevabın muhtevası şudur: Sen namazı, zekatı, orucu, haccı ve öldükten sonra dirilişi inkar eden kimsenin yüce Allah'ı da inkar eden bir kimse olduğunu -Rasûlullah *sallallahü aleyhi vesellem*'ın bütün bunların dışında kalan getirdiği hususların tamamını kabul etse dahi- kâfir olduğunu kabul ettiğine göre tevhidi inkar ederek yüce Allah'a ortak koşan kimsenin kâfir olacağını nasıl inkar edebilirsin. Şüphesiz ki tevhidi inkar eden kimseyi müslüman kabul ederken, sözü edilen bu hususların farziyetini inkar eden kimseyi kâfir olarak kabul etmek şaşılacak bir konudur. Halbuki tevhid bütün rasûllerin getirdikleri en büyük gerçektir ve bu bütün rasûllerin getirdikleri en genel bir çağrıdır. Bütün rasûllerle bu tevhid gönderilmiş bulunmaktadır. Nitekim yüce Allah şöyle buyurmaktadır:

"Senden önce gönderdiğimiz her bir peygambere mutlaka şunu vahyederdik: Benden başka ilâh yoktur. O halde yalnız bana ibadet edin." (el-Enbiya, 21/25)

Üstelik tevhid farziyetlerini inkar eden kimsenin kâfir olmasını gerektiren bütün bu farzların esasıdır. Zira bütün bu farzlar tevhid olmadıkça sahih olamaz. Nitekim yüce Allah şöyle buyurmaktadır:

"Andolsun sana ve senden öncekilere vahyolundu ki: Eğer şirk koşarsan, andolsun ki amelin boşa çıkar ve muhakkak zarar edenlerden olursun. Hayır -işte bundan ötürü- yalnız Allah'a ibadet et ve şükredenlerden ol." (ez-Zümer, 39/65-66)

Namazın, zekatın, orucun ya da haccın farz olduğunu inkar eden ya da ölümden sonra dirilişi inkar eden bir kimse kâfir olduğuna göre tevhidi inkar edenin daha ileri derecede, daha açık ve seçik bir şekilde kâfir olacağı ortadadır.

34

Yine şöyle denilir: İşte Rasûlullah *sallallahü aleyhi vesellem*'ın ashabı onlar halife oğulları ile savaştılar. Halbuki Peygamber *sallallahü aleyhi vesellem* ile birlikte onlar da müslüman olmuşlardı, Allah'tan başka ilâh olmadığına Muhammed *sallallahü aleyhi vesellem*'in Allah'ın Rasûlü olduğuna şahitlik ediyorlardı, ezan okuyorlar, namaz kılıyorlardı.

Eğer (şüphe sahibi kişi) onlar: Müseylime de bir peygamberdir diyorlardı diyecek olursa, sen de onlara şu cevabı ver: Herhangi bir kimseyi peygamber mertebesine yükselten kişi kâfir olup, malı ve kanı helal olduğuna, getirdiği şehadet kelimesinin, kıldığı namazın kendisine faydası olmadığına göre, Şemsan'ı, Yusuf'u yahutta bir sahabiyi ya da bir peygamberi göklerin ve yerin yaratıcısı mertebesine yükseltenin hali ne olur? Allah her türlü eksiklikten münezzehtir. O'nun şanı ne kadar yücedir.

"İşte bilmeyenlerin kalbleri üzerine Allah böyle mühür vurur." (er-Rum, 30/59)

Müellifin "yine şöyle denilir... işte Rasûlullah *sallallahü aleyhi vesellem*'ın ashabı..." sözleri üçüncü bir cevabtır. Muhtevası şudur: Ashab-ı Kiram Müseylime ve onun taraftarları ile savaştılar. Onların kanlarını ve mallarını Allah'tan başka hiçbir ilâh olmayıp, Muhammed'in Allah'ın kulu ve Rasûlü olduğuna şahitlik etmelerine, ezan okuyup, namaz kılmalarına rağmen helal bellediler. Çünkü onlar herhangi bir insanı peygamber mertebesine yükseltmişlerdir. Peki durum böyle olduğuna göre herhangi bir yaratığı göklerin ve yerin yaratıcısının mertebesine yükseltenin durumu ne olacaktır. Böyle birisinin herhangi bir yaratılmışı, bir diğer yaratılmışın mertebesine yükselten kimseye göre kâfir olması daha bir uygun değil midir? Bu çok açık bir husustur, fakat yüce Allah'ın da buyurduğu gibi:

"İşte bilmeyenlerin kalbleri üzerine Allah böyle mühür vurur." (er-Rum, 30/59)

Yine şöyle denilir: Ali b. Ebi Talib *radıyallahu anh.*'ın ateşte yakılmalarını emrettiği kimselerin hepsi de müslüman olduklarını iddia ediyorlardı. Bunlar Ali *radıyallahu anh.*'ın arkadaşlarından idiler. İlmi ashab-ı kiram'dan öğrenmişlerdi. Fakat Ali *radıyallahu anh.* hakkında Yusuf, Şemsan ve bunlara benzer kimseler hakkında beslenen inancın benzerine inanmışlardı. Peki ashab-ı kiram bunların hepsinin öldürülmelerini ve kâfir olduklarını icma ile nasıl kabul ettiler. Siz ashab-ı kiram'ın müslümanlara kâfir dediklerini, onları tekfir ettiklerini düşünebiliyor musunuz? Yoksa sizler taç ve benzeri şeylere dair beslenen inançların zararsız olduğunu, bununla birlikte Ali b. Ebi Talib *radıyallahu anh.* hakkında beslenen bir inancın insanı küfre sürüklediğini mi zannediyorsunuz?

Müellifin: "Yine şöyle denilir: Ali b. Ebi Talib *radıyallahu anh.*'ın ateşte yaktığı kimseler..." ifadeleri dördüncü bir cevabı teşkil etmektedir. Bu kimseler müslüman olduklarını iddia ediyorlardı. Ashabtan ilim öğrenmişlerdi. Bununla birlikte onların bu halleri kâfir olduklarına hüküm verilmesine ve ateşte yakılmalarına engel teşkil etmedi. Çünkü onlar Ali b. Ebi Talib *radıyallahu anh.* hakkında ilâh olduğunu söylemişlerdi. Tıpkı Şemsan ve buna benzer kimselere inananların ileri sürdükleri iddiaların benzerini iddia etmişlerdi.

Peki ashab-ı kiram bunların öldürülmeleri üzerinde nasıl icma etmişlerdi. Sizler ashab-ı kiram'ın öldürülmesi helal olmayan kimsenin öldürüleceğini ve kâfir olmayan kimsenin kâfir olduğunu icma ile kabul edebileceklerini düşünebiliyor musunuz? Böyle bir şeye imkan yoktur yahut sizler taç ve benzeri şeylere dair beslenen bir inancın zarar vermeyeceğini, buna karşılık Ali b. Ebi Talib hakkındaki bir inancın zarar vereceğini mi sanıyorsunuz?

Yine şöyle denilir: Abbasiler döneminde mağrib ve Mısır'ı ele geçiren Ubeyd el-Kaddah oğullarının hepsi Allah'tan başka ilâh olmadığına, Muhammed'in Allah'ın Rasûlü olduğuna şahitlik ediyor. Müslüman olduklarını söylüyor, cuma ve cemaat namazlarını kılıyor idiler. Fakat bizim şu anda sözkonusu ettiğimiz meselelerden daha alt mertebedeki birtakım hususlar hakkında şeriate açıktan açığa muhalefet ettiklerini ortaya koyunca, ilim adamları da onların kâfir olduklarına ve onlarla savaşılacağına icma ile görüş belirttiler. Onların ellerindeki toprakların savaş açılabilecek topraklar olduğunu söylediler. Müslümanlar da onların ellerinde bulunan müslüman topraklarını kurtarıncaya kadar onlarla savaştılar.

Müellifin "yine şöyle denilir... Ubeyd el-Kaddah oğulları..." ifadeleri beşinci bir cevab teşkil etmektedir. Bu da ilim adamlarının mağrib ve Mısır'ı ele geçiren Ubeyd el-Kaddah oğullarının kâfir olduklarını icma ile kabul etmiş olmalarıdır. Halbuki bunlar Allah'tan başka hiçbir ilâh olmadığına, Muhammed'in Allah'ın Rasûlü olduğuna şahidlik ediyor. Cumaları ve cemaatle namaz kılıyorlar, müslüman olduklarını ileri sürüyorlardı. Ancak onların bu durumları tevhidden daha aşağı mertebede bulunan birtakım hususlarda müslümanlara açıktan açığa muhalefet ettiklerini ortaya koymaları üzerine müslümanların kendileri hakkında mürted olduklarına dair hüküm vermelerine engel teşkil etmedi ve nihayet müslümanlar onlarla savaştılar ve ellerinde bulunan İslam topraklarını kurtardılar.

Yine şöyle denilir: Bundan öncekiler ancak şirk ve rasûlü, Kur'ân'ı yalanlamayı, öldükten sonra dirilişi inkar etmeyi ve buna benzer hususları birlikte yaptıkları için ancak kâfir oldukları söylenecek olursa, o halde her mezhebteki ilim adamlarının "mürtedin hükmü bahsi" diye sözünü ettikleri açıklamalar ne anlama gelir. Mürted kişi ise müslüman olduktan sonra kâfir olan kimsedir. Bu ilim adamları bu bahiste pekçok küfre götürücü türlerden sözetmişlerdir. Bunların herbiri dolayısıyla kişi kâfir olur ve kişinin malının ve canının helal olmasına sebeb teşkil eder. Hatta bu ilim adamları, bu bahiste kişinin kalbi ile değil de sadece diliyle sözünü ettiği bir söz yahutta şaka ve eğlence olsun diye sarfettiği bir söz gibi işleyen tarafından basit görülen birtakım hususları dahi (kişiyi dinden çıkaracak şeyler arasında) zikretmişlerdir.

35

Müellifin: "Yine şöyle denilir: Öncekiler... dolayı kâfir olduklarına göre..." şeklindeki sözleri de altıncı bir cevabı teşkil etmektedir. Bu cevabın muhtevası şudur: Öncekiler ancak şirk, yalanlamak ve büyüklük taslamak gibi küfrün bütün türlerini bir arada işledikleri zaman ancak kâfir oldukları kabul edilecek olursa, "mürtedin hükmü bahsi" başlığı altında çeşitli küfür türlerini sözkonusu etmenin anlamı nedir? Bu türlerin herbirisinden ötürü kişi küfre girer. İlim adamları işleyen kişi tarafından basit kabul edilen pek çok şeyler sözkonusu etmişlerdir. Kalbiyle doğrulamaksızın sadece diliyle söylediği bir söz yahut şaka ve eğlence olsun diye söylediği bir söz gibi... Eğer küfür, küfrün herhangi bir türünü işlemek dolayısıyla gerçekleşmeyecek olsaydı -isterse o işi yapan şahıs birbaşka cihetlerde dosdoğru bulunsun- hiçbir zaman bu çeşitlerin sözkonusu edilmesinin herhangi bir faydası da olmazdı.

Müellif şunu söylemek istiyor: Bu kimselerin ileri sürdükleri şüpheleri bertaraf eden hususlardan birisi de her mezhebin fıkıh alimlerinin kitablarında "mürtedin hükmü bahsi"ni sözkonusu etmiş olmaları ve burada pekçok türden hususları zikretmiş olmalarıdır. Öyle ki onlar bu bahislerde kişinin kalbiyle inanmayıp, sadece diliyle sözünü ettiği bir lafzı yahutta şaka olsun diye sarfettiği bir sözü dahi zikretmektedirler. Bununla birlikte ilim adamları gibi kimselerin kâfir olduklarına hüküm vermişler ve bunlar sebebiyle İslam'ın dışına çıktıklarını söylemişlerdir. İleride buna dair daha geniş açıklamalar gelecektir.

Yine şöyle denilir: Yüce Allah'ın haklarında: *"Onlar (o sözü) söylemediklerine dair Allah'a yemin ederler. Şüphe yok ki o küfür sözünü söylediler. Onlar müslümanlıklarından sonra kâfir oldular."* (et-Tevbe, 9/74) diye buyurduğu kimseleri yüce Allah'ın Rasûlullah *sallallahü aleyhi vesellem*'ın döneminde bulunmalarına, onunla birlikte cihad edip, namaz kılmalarına, zekat vermelerine, haccetmelerine ve Allah'ı tevhid etmelerine rağmen sadece bir söz dolayısıyla Allah'ın onların kâfir olduklarını belirttiğini görmediniz mi? Yine yüce Allah'ın haklarında:
"De ki: Allah ile O'nun âyetleriyle ve Rasûlü ile mi eğleniyordunuz? Özür dilemeyin. Siz iman ettikten sonra gerçekten kâfir oldunuz." (et-Tevbe, 9/65-66) diye buyurduğu kimselerin durumu da böyledir. Bunlar yüce Allah'ın açık ifadelerle imanlarından sonra kâfir olduklarını belirttiği kimselerdir. Halbuki Rasûlullah *sallallahü aleyhi vesellem* ile birlikte Tebuk gazvesinde bulunuyorlarken şaka yoluyla söylediklerini belirttikleri bir söz söylemişlerdi. Şimdi (karşıt kanaati savunan) bu kimselerin bu şüpheleri üzerinde iyice düşünelim. Onlar şöyle diyorlar: Sizler Allah'tan başka hiçbir ilâh olmadığına şahitlik eden, namaz kılan ve oruç tutan kimselerin kâfir olduklarını söylüyorsunuz. Yine bu şüphenin cevabını da iyice düşünün, çünkü buna verilen cevab(lar) bu sahifelerde yazılı bilgilerin en faydalı olanlarıdır.

Müellifin "yine şöyle denilir: yüce Allah'ın haklarında: *"(O sözü) söylemediklerine dair Allah'a yemin ederler..."* ifadeleri bu husustaki şüpheye verilen yedinci bir cevabtır. Muhtevası bu hususa delalet eden iki olaydır:

Birinci olay, yüce Allah Peygamber *sallallahü aleyhi vesellem* ile birlikte namaz kılan, zekat veren, hacceden, cihad eden ve Allah'ı tevhid eden kimseler olmalarına rağmen küfür(ü gerektiren) sözü söyleyen münafıkların kâfir olduklarına hüküm vermiştir.

İkinci olay yüce Allah, Allah ile âyetleri ve rasûlü ile alay ederek: *"Biz şu bizim Kur'ân okuyanlarımız gibi midelerine daha düşkün, dilleri daha yalancı ve düşmanla karşılaşılması halinde daha korkak kimseler görmedik."* diyen[15] münafıkların kâfir olduklarına dair hüküm vermesidir. Bunlar bu sözleriyle Rasûlullah *sallallahü aleyhi vesellem* ile onun Kur'ân'ı bilen ashabını kastediyorlardı. Yüce Allah da bu gibi kimseler hakkında: *"Andolsun onlara soracak olsan, elbette şöyle diyeceklerdir: Biz sadece eğlenip şakalaşıyorduk. De ki: Allah ile O'nun âyetleri ile ve Rasûlü ile mi eğleniyordunuz. Özür dilemeyin siz iman ettikten sonra gerçekten kâfir oldunuz."* (et-Tevbe, 9/65) buyruğunu indirerek iman ettikten sonra kâfir olduklarına hüküm vermektedir. Halbuki onlar bu sözleri şaka olsun diye söylediklerini belirtmişler ve bunu ciddi olarak söylemediklerini ileri sürmüşlerdi. Diğer taraftan bunlar namaz da kılıyorlar, sadaka da veriyorlardı. Daha sonra merhum müellif bu şüpheye verilen cevabın bu sahifelerde yazılı bilgilerin en faydalılarından olduklarını belirtmektedir.

"Bize Bir İlah Yap Diyenler Kafir Olmadıklarına Göre..." Şüphesi

Yine buna dair delillerden birisi de yüce Allah'ın müslüman olmalarına, bilgilerine ve salih kimseler olmalarına rağmen Musa aleyhisselam'a: *"Onların nasıl ilahları varsa, sen de bize böyle bir ilah yap."* (el-A'raf, 7/138) diyen kimselere dair naklettiği hususda ashab-ı kiram'dan birtakım kimselerin de: "Sen de bize bir zat-ı envad (kılıçlarımızı asarak takdis edeceğimiz bir ağaç) tayin et." demeleri üzerine Peygamber *sallallahü aleyhi vesellem*'in yemin ederek *"şüphesiz ki bu İsrailoğullarının bize bir ilah yap şeklindeki sözlerine benzer"* demesi de bu hususa dair deliller arasındadır. Şu kadar var ki müşriklerin bu olay ile ilgili olarak ileri sürdükleri bir şüpheleri vardır. O da şudur: İsrailoğulları bundan dolayı kâfir olmadılar. Peygamber *sallallahü aleyhi vesellem*'e: Bize bir zat-u envad yap diyenler de kâfir olmadılar derler.

Buna cevab şudur: İsrailoğulları bu işi yapmadılar. Peygamber *sallallahü aleyhi vesellem*'den böyle bir şey isteyenlerin durumu da bu idi. Onlar da böyle bir şeyi yapmadılar. İsrailoğullarının bu işi yapmış olsalardı kâfir

---

[15] İbn Cerir et-Taberî, X, 172; İbn Kesir, II, 381.

olacaklarından şüphe olmadığı gibi Peygamber *sallallahü aleyhi vesellem*'ın kendilerine böyle bir şeyi yasakladığı kimseler eğer ona itaat etmeyip, yasakladıktan sonra bile bir zat-ı envad edinmeye kalkışmış olsalardı, elbetteki kâfir olacaklardı. Zaten anlatılmak istenen de budur.

Müellifin: "...buna dair delillerdendir" sözleri şu demektir: Yani insan farkında olmadan küfrü gerektiren bir söz söyleyebilir, bir iş yapabilir. İşte İsrailoğulları müslüman olmalarına, bilgi sahibi olmalarına ve salih kimseler olmalarına rağmen Musa *aleyhisselam*'a: *"Onların nasıl ilahları varsa, sen de bize böyle bir ilah yap."* (el-A'raf, 7/138) demeleri de Peygamber *sallallahü aleyhi vesellem*'ın ashabının: "Bunların (takdis ettikleri) zat-ı envadları olduğu gibi sen de bize bir zat-ı envad yap deyip, Rasûlullah *sallallahü aleyhi vesellem*'in onlara: *"Allahu ekber gerçekten bu (geçmişlerin ve sonrakilerin onlara uyarak) izledikleri yollardır. Nefsim elinde olana yemin ederim ki İsrailoğullarının Musa'ya: "Onların nasıl ilahları varsa, sen de bize böyle bir ilah yap." demelerine benzer. O da kendilerine: "Şüphesiz ki siz cahillik eden bir kavimsiniz." demişti. Andolsun sizden öncekilerin yolunu adım adım izleyeceksiniz." demişti.*[16]

İşte bu Musa ve Muhammed (ikisine de selam olsun)'in böyle bir teklifi son derece büyük bir tepkiyle karşıladıklarını göstermektedir. İşte anlatılmak istenen de budur. Bu iki şerefli ve büyük peygamber kavimlerinin bu isteklerini kabul etmediler, aksine reddettiler.

Bazı müşrikler bu delile dair şüpheler ortaya koyarak şöyle demişlerdir: Ashab da, İsrailoğulları da bu teklifleri dolayısıyla kâfir olmamışlardı. Bu şüphenin cevabı da şudur: Ashab olsun, İsrailoğulları olsun o yüce iki peygamberden bu reddedici tepkiyle karşılaşınca, bu işi yapmadılar.

Şu kadar var ki bu kıssa şunu ortaya koymaktadır: Müslüman -hatta ilim adamı olan bir kimse- bazan farkında olmaksızın bazı şirk çeşitleri içerisine düşebilir. Bunun öğrenmek, böyle bir şeyden sakınmak ve cahilin tevhidi anladık demesinin bilgisizliklerin en büyüklerinden ve şeytanın tuzaklarından olduğunun farkına varılması, öğrenilmesidir.

Müellif bu ifadeleriyle bu kıssanın ifade ettiği birtakım hususları açıklamaya geçmektedir. Sözünü ettiğimiz kıssa ise envat kıssası ile İsrailoğulları kıssalarıdır. Bunların şu faydaları vardır:

Evvela insan ilim adamı olsa dahi şirkin bazı türlerini farkedemeyebilir. Bu insanın farkında olmadan şirke düşmemesi için öğrenmesini, bilgi sahibi olmasını gerektirir. Bilmediği halde ben şirki biliyorum demesinin kul için en büyük tehlikelerden birisi olduğunu göstermektedir. Çünkü bu katmerli bir cehallettir, katmerli cehalet ise sıradan bir cehaletten daha bir kötüdür. Çünkü sıradan bir cahil öğrenir ve öğrendikleriyle yararlanır, fakat katmerli bir şekilde cahil olan bir kimse kendisi cahil olduğu halde bilgili olduğunu sanır ve şeriate aykırı olan işleri işlemeye devam eder gider.

Yine bu olay şunu anlatmaktadır: Gayret gösteren bir müslüman eğer küfrü gerektiren bir sözü bilmeksizin söyleyecek olur da bunu farkeder ve derhal tevbe edecek olursa, bundan dolayı kâfir olmaz. Nitekim İsrailoğulları ile Peygamber *sallallahü aleyhi vesellem*'den sözü geçen istekte bulunan kimselerin durumu da bu idi.

"Yine bu iki olay şunu ifade eder..." ifadeleri ile anlattıkları bu olayların ifade ettiği ikinci hususa dikkat çekmektedir. Müslüman bir kimse eğer bilmeden küfrü gerektiren bir söz söyleyecek olur da daha sonra bunu farkeder, kendisine gelir ve derhal tevbe edecek olursa, bunun kendisine zararı olmaz. Çünkü o bilgisizliği dolayısıyla mazurdur. Yüce Allah da hiçbir kimseye takatinden fazlasını yüklemez. Şâyet o şeyin küfür olduğunu bilmekle birlikte devam edecek olursa, o takdirde halinin gereği ne ise hakkında ona göre hüküm verilir.

(Bu olayların) ifade ettikleri diğer bir husus da şudur: Bir kimse böyle küfrü gerektiren bir söz söyleyecek olursa, Rasûlullah *sallallahü aleyhi vesellem*'ın yaptığı gibi ona oldukça ağır sözlerle karşılık verilir.

Müellifin: "İfade ettiği diğer husus da şudur: Bir kimse..." sözleri bunun üçüncü faydasını anlatmaktadır. Bir kimse eğer o şeyi istemesi küfür olduğunu bilmeksizin isteyecek olursa, ona oldukça ağır sözlerle karşılık verilir. Çünkü Peygamber *sallallahü aleyhi vesellem* ashabına şöyle demişti: "Allahu ekber! Gerçekten bu (öncekilerin) izledikleri yoldur. Sizler, sizden öncekilerin yolunu okun iki tüyünün aynı hizada oluşu gibi izleyeceksinizdir." diye buyurmuştur. Bu ise açık bir şekilde onların yaptıklarını reddetmektir.

Müşriklerin bir şüphesi daha vardır. Şöyle derler: Peygamber *sallallahü aleyhi vesellem* Üsame'nin "la ilâhe illallah" diyen kimseleri öldürmesini tepki ile karşıladığı gibi, yine o şöyle buyurmuştur: *"Ben insanlarla la ilâhe illallah deyinceye kadar savaşmakla emrolundum."* ve buna benzer la ilâhe illallah'ı diyen kimselerden uzak durmayı (onları öldürmemeyi) gerektiren başka hadisler de vardır. Bu cahillerin maksadı ise bu sözü söyleyenin ne yaparsa yapsın, kâfir olmayacağını ve öldürülmeyeceğini anlatmaktır.

Müellifin: "Müşriklerin bir diğer şüphesi daha vardır..." sözleri şu demektir: Bir takım şüpheler ortaya koyan müşriklerin daha önce geçen şüphelerle birlikte bir diğer şüpheleri daha bulunmaktadır. O da şudur: Peygamber *sallallahü aleyhi vesellem* la ilâhe illallah dedikten sonra bir kişiyi öldüren Üsame b. Zeyd *radıyallahu anh.*'ın bu tavrını kabul etmeyerek: *"Sen onu "la ilâhe illallah" dedikten sonra mı öldürdün?"* diye çıkışmıştır. Peygamber *sallallahü aleyhi vesellem* bu sözü Üsame'ye karşı o kadar çok tekrarladı ki Üsame: "Keşke henüz o

---

[16] Tirmizi, 1771 nolu hadis, Tirmizi: Hasen, sahih bir hadistir demiştir.

zaman ne kadar müslüman olmasaydım diye temenni ettim." diyecek hale gelmiştir.[17] Aynı şekilde Peygamber *sallallahü aleyhi vesellem*: *"Ben insanlarla "la ilâhe illallah" deyinceye kadar savaşmakla emrolundum."*[18] şeklindeki buyruğu da böyledir ve buna benzer "la ilâhe illallah" diyen kimsenin bir başka açıdan şirk üzerinde bulunsa dahi kâfir olmayacağı ve öldürülmeyeceğine dair delil diye sürdükleri benzeri başka hadisler de vardır. Ancak bu büyük bir cehaletin neticesidir. Çünkü "Allah'tan başka ilâh yoktur" demek insanın eğer bir başka açıdan şirk koşmakta ise cehennem azabından ve şirkten kurtarmaya yeterli değildir.

Bu cahil müşriklere şöyle denilir: Bilindiği gibi Rasûlullah *sallallahü aleyhi vesellem* la ilâhe illallah dedikleri halde yahudilerle savaşmış ve onları esir almıştır. Rasûlullah *sallallahü aleyhi vesellem*'ın ashabı da Allah'tan başka ilâh olmadığına, Muhammed'in Allah'ın Rasûlü olduğuna tanıklık etmelerine, namaz kılmalarına, müslüman olduklarını ileri sürmelerine rağmen Hanife oğullarıyla savaşmıştır. Ali b. Ebi Talib'in ateş ile yaktığı kimselerin durumu da böyledir.

Müellifin: "Bu cahil müşriklere şöyle denilir..." şeklindeki sözleri daha önce belirtildiği gibi bu cahillerin ortaya attıkları şüpheye bir cevabtır. Bu şüphenin cevabı da şu şekildedir:

1- Peygamber *sallallahü aleyhi vesellem* la ilâhe illallah demelerine rağmen yahudilerle savaşmış ve onları esir almıştır.

2- Ashab-ı kiram la ilâhe Muhammedu'r-Rasûlullah demelerine, namaz kılmalarına ve müslüman olduklarını ileri sürmelerine rağmen Hanife oğullarıyla savaşmışlardır.

3- Ali b. Ebi Talib *radıyallahu anh.*'ın ateşte yaktığı kimseler de Allah'tan başka hiçbir ilâh olmadığına tanıklık eden kimselerdi.

Bu cahiller de şunu kabul etmektedir ki: Öldükten sonra dirilişi inkar eden kâfir olur ve öldürülür, isterse la ilâhe illallah desin. İslamın rükunlerinden herhangi bir şeyi inkar eden bir kimse kâfir olur ve öldürülür, isterse bu sözü söylemiş olsun. Peki fer'î hükümlerden birisini inkar etmekle birlikte bu la ilâhe illallah demesinin ona faydası nasıl olmaz? Buna karşılık Rasullerin dininin esasını ve başını teşkil eden tevhidi inkar ederse, bu sözün ona nasıl faydası olabilir.

Müellifin: "Bu cahiller de şunu kabul etmektedir: ..." sözleri bu cahillerin iddialarına karşılık kabul etmek zorunda oldukları bağlayıcı bir delillendirmesi ve onların benimsedikleri görüşlerin benzeri ile onlara karşı delil getirmesidir. Çünkü onlar şöyle diyorlar: Öldükten sonra dirilişi inkar eden bir kimse kâfir olarak öldürülür. Yine onlar: İslamın rükunlerinden herhangi birisinin farz olduğunu inkar eden bir kimsenin kâfir olduğuna hüküm verilir ve la ilâhe illallah dese dahi öldürülür derler. Peki dinin esasını teşkil eden tevhidi inkar eden bir kimse la ilâhe illallah dese bile nasıl kâfir olmaz ve öldürülmez. Böyle bir kimsenin namazın ya da zekatın farziyetini inkar eden kimseye göre tekfir edilmesi daha öncelikli değil midir? İşte bu kaçınılmaz olarak kabul edilmesi gereken bağlayıcı bir açıklama ve delillendirmedir.

Fakat Allah'ın düşmanları hadislerin manasını anlayamamışlardır. Üsame'nin hadisini ele alalım. O müslüman olduğunu iddia eden bir kimseyi ancak kanının dökülmesinden, malının alınmasından korktuğu için müslüman olduğunu iddia ettiğini sandığından dolayı öldürmüştü. Halbuki bir kimse müslüman olduğunu açıkladıktan sonra onun buna aykırı bir hali açıkça ortaya çıkıncaya kadar o kimseye ilişmemek gerekir. Yüce Allah da bu hususta: *"Ey iman edenler Allah yolunda cihada çıktığınız zaman iyice araştırın."* (en-Nisa, 4/94) buyruğunu indirmişti. Yani iyice tesbit edin. O halde âyet-i kerime böyle bir kimseyi öldürmekten uzak durmayı ve işi iyice araştırmanın gerektiğini göstermektedir. Artık bundan sonra İslama aykırı bir hali ortaya çıkacak olursa, yüce Allah'ın: *"İyice araştırın"* buyruğu dolayısıyla öldürülür. Eğer mücerred bu sözü söylediği için (bir daha) öldürülmesi söz konusu olmayacak olsaydı, iyice araştırmanın herhangi bir anlamı da olmazdı.

Müellifin: "Fakat Allah'ın düşmanları bu hadisin ne anlama geldiklerini kavrayamamışlardır..." sözleri şu demektir: Onların şüphelerine dayanak aldıkları hadisleri ele almakta ve bunların ne anlama geldiklerini belirterek şu şekilde açıklamaktadır: Üsame'nin hadisi yani onun la ilâhe illallah diyen kimseyi öldürdüğüne dair hadise gelince, Üsame bu kimseyi öldürmek üzere arkasından gidip, yetişmişti. Bu kişi müşrikti. La ilâhe illallah dediği halde Üsame onu öldürmüştü. Çünkü o bu sözlerini ihlaslı olarak söylemediğini aksine sadece kurtulmak kastıyla söylediğini sanmıştı. Bu hadiste la ilâhe illallah diyen herkes müslümandır ve kanı himaye altına alınıp, korunmuştur görüşüne delil yoktur. Bu hadiste la ilâhe illallah diyen kimseye ilişilmemesi gerektiğine dair delil vardır. Bundan sonra haline durumu açıkça ortaya çıkıncaya kadar bakınız. Müellif buna yüce Allah'ın: *"Ey iman edenler! Allah yolunda cihada çıktığınız zaman iyice araştırın."* (en-Nisa, 4/94) buyruğunu delil göstermiştir. Yüce Allah bununla iyice araştırmayı emretmektedir. Bu da şuna delildir: Durumun daha önce açıkladığı halinin zıttı olduğu ortaya çıkacak olursa, o vakit o kimsenin açıkça ortaya çıkan haline göre bir muameleye tabi tutulması gerekir. Şâyet ondan İslama aykırı bir hal açığa çıkacak olursa, öldürülür. Her ne kadar mutlak olarak bu sözü söylemekle öldürülmeyecek olsa dahi artık bundan sonra bu sözü söylemesinin bir faydası kalmaz. Çünkü durumun iyice araştırılması emri bunu gerektirmektedir.

---

[17] Buhari, 3269; Müslim, 96 nolu hadisler.
[18] Buhari, 1399; Müslim, 20 nolu hadisler.

Durum her ne olursa olsun Üsame *radıyallahu anh.* ile ilgili bu hadis-i şerifte putlara, ölülere, meleklere, cinlere ve daha başka şeylere ibadet eden bir müşrik olduğu halde la ilâhe illallah diyen bir kimsenin müslüman olmasını gerektiren herhangi bir delil bulunmamaktadır.

Aynı şekilde diğer hadisin ve benzerlerinin de anlamı belirttiğimiz üzere şöyledir: Tevhidi ve İslamı izhar eden kimseye buna aykırı bir hal ortaya çıkıncaya kadar el uzatmamak gerekir. Buna delil Rasûlullah *sallallahü aleyhi vesellem*'ın şu buyruğudur: *"Sen onu la ilâhe illallah dedikten sonra mı öldürdün?"* Yine Peygamber şöyle buyurmuştur: *"Ben insanlarla la ilâhe illallah deyinceye kadar savaşmakla emrolundum."* İşte hariciler hakkındaki şu buyrukta onundur: *"Onlarla nerede karşılaşırsanız, onları öldürünüz. Andolsun onlara yetişecek olursam, Ad kavminin öldürülüşü gibi onları öldüreceğim."* O bu sözlerini haricilerin insanlar arasında en çok ibadet eden, en çok tehlil ve tesbih getiren kimseler olmalarına rağmen söylemiştir. Hatta ashab-ı kiram onlara kıyasla kendilerini (ibadetlerini) küçümsüyorlardı. Üstelik onlar ashab-ı kiram'dan ilim de öğrenmişlerdi. Ancak şeriata aykırı halleri ortaya çıkınca la ilâhe illallah demelerinin de, çokça ibadet etmelerinin de, müslüman olduklarını ileri sürmelerinin de kendilerine hiçbir faydası olmadı.

Müellifin: "Diğer hadis ve benzerlerinin anlamı da... bu şekildedir" sözleri ile kastettiği diğer hadis Peygamber *sallallahü aleyhi vesellem*'ın: *"Ben insanlarla... savaşmakla emrolundum"* hadisidir. Böylelikle müellif hadisin anlamının şu olduğunu açıklamaktadır: Müslüman olduğunu açığa vuran bir kimseye durumu açıkça ortaya çıkıncaya kadar ilişmemek gerekir. Çünkü yüce Allah:*"İyice araştırın"* diye buyurmuştur. Çünkü bizim bu hususta herhangi bir şüphe içerisinde olmamız halinde iyice araştırma emrini yerine getirme ihtiyacımız vardır. Şâyet 'la ilâhe illallah' sözü tek başına ölümden kurtarıcı olsaydı, ayrıca araştırmaya ihtiyaç duyulmazdı. Daha sonra merhum müellif benimsediği bu kanaate şunu delil göstermektedir: Peygamber efendimizin Üsame'ye söylediği: *"Sen onu 'la ilâhe illallah' dedikten sonra mı öldürdün?"* sözü ile *"ben insanlarla Allah'tan başka hiçbir ilâh yoktur ve Muhammed Allah'ın Rasûlüdür deyinceye kadar savaşmakla emrolundum..."* diyenin (o peygamberin) aynı şekilde haricilerle de savaşılmasını emrederek: *"Onlarla nerede karşılaşırsanız, onları öldürünüz"* da diyendir.[19] Halbuki hariciler namaz kılar, Allah'ı anarlar, Kur'ân okurlardı. Onlar ashab-ı kiramdan ilim öğrenmiş kimselerdi. Fakat bununla birlikte bunların hiçbirinin kendilerine hiçbir faydası olmadı. Çünkü iman Peygamber *sallallahü aleyhi vesellem*'in: *"O gırtlaklarından aşağıya inmemiştir."* buyruğunda olduğu gibi kalblerine ulaşmamıştı.

Aynı şekilde yahudilerle savaşmak ve Halife oğulları ile ashabın savaşmaları ile ilgili sözünü ettiğimiz hususlar da böyledir. Yine Peygamber *sallallahü aleyhi vesellem* Mustalık oğullarına, onlardan birisi zekat vermeyeceğini haber verince gaza tertiblemek istemişti. Fakat sonunda yüce Allah: *"Ey iman edenler! Eğer bir fasık size bir haber getirirse... iyice araştırın."* (el-Hucurat, 49/6) buyruğunu indirmiş ve adamın onlara yalan söylediği ortaya çıkmıştır.[20] Bütün bunlar Peygamber *sallallahü aleyhi vesellem*'in delil diye gösterdikleri hadislerinden maksadın sözünü ettiğimiz şekilde olduğunun delilidir.

Bu da 'la ilâhe illallah' sözünü mücerred söylemenin öldürülmekten alıkoymaya yeterli sebeb olmadığı, aksine eğer onunla savaşmayı gerektiren bir sebeb bulunacak olursa, bu sözü söyleyen kimse ile savaşmanın caiz olduğudur.

"Kıyamet Gününde Rasullerden Yardım Dilenecek" Şüphesi

Bu gibi kimselerin bir diğer şüphesi daha vardır. O da Peygamber *sallallahü aleyhi vesellem*'in sözünü ettiği kıyamet gününde insanların önce Adem'den, sonra Nuh'tan, sonra İbrahîm'den, sonra Musa'dan, sonra İsa'dan yardım taleb edecekleri, hepsinin birer mazeret ileri süreceklerini ve nihayet Rasûlullah *sallallahü aleyhi vesellem*'a geleceklerini belirten hadis-i şeriftir. Bu şüpheciler şöyle derler: İşte bu Allah'tan başkasından yardım istemenin (istiğase) şirk olmadığının delilidir derler.

Buna şu sözlerimizle cevab verebiliriz: Düşmanlarının kalblerini mühürleyen Allah'ı her türlü eksiklikten tenzih ederiz. Bizler yaratılmış kimselerden güç yetirebileceği hususlarda yardım istemeyi (istiğaseyi) reddetmiyoruz. Nitekim yüce Allah Musa aleyhisselam kıssasında şunları söylemektedir:

"Taraftarlarından olan kişi düşmanından olana karşı kendisinden yardım (istiğase) istedi." (el-Kasas, 28/15)

Nitekim bir kimse savaş ya da başka hallerde yaratılmışın güç yetirebileceği şeyler hususunda arkadaşlarından yardım ister (istiğasede bulunur). Bizler ise velilerin kabirleri yanında yahut onların hazır olmadıkları bir yerde Allah'tan başka kimsenin güç yetiremeyeceği hallerde kullardan yardım istemeyi (istiğasede bulunmayı) kabul etmiyoruz.

Müellifin: "Onların bir diğer şüphesi daha vardır" sözleri ile kastettiği şudur: Allah'tan başkasından yardım istemenin şirk olmadığına dair şüphelerini kastetmektedir. O bu şüpheye iki şekilde cevab vermektedir:

Evvela bu yaratılmış birisinden güç yetirebileceği bir hususta yardım dilemek (istiğase)dir. Bu ise reddolunamaz, çünkü yüce Allah Musa *aleyhisselam* kıssasında şöyle buyurmaktadır:

---

[19] Buhari, 6930 ve Müslim 1068 nolu hadisler.
[20] Hadisi İbn Cerir et-Taberi, XXVI, 123'te, İbn Kesir, IV, 187'de rivayet etmiş ve şunları söylemiştir: "Bu hadisin değişik rivayet yolları vardır. En güzeli ise İmam Ahmed'in rivayet ettiği yoldur" demiştir. el-Heysemî de Mecmau'z-Zevaid, VII, 111'de rivayet etmiş ve: "Bu hadisi Ahmed rivayet etmiş olup, ravileri sika ravilerdir" demiştir.

"Taraftarlarından olan şahıs düşmanından olana karşı kendisinden yardım (istiğase) istedi." (el-Kasas, 28/15)
İkinci cevab: İnsanlar bu şerefli peygamberlerden içinde bulundukları sıkıntılı hali bizzat kendileri açıp gidersinler diye yardım istemeyeceklerdir. Onlar bu peygamberlerden Allah nezdinde bu zorlu hali ortadan kaldırması için şefaatçi olmalarını isteyeceklerdir. İçinde bulunduğu kötülüğü ve sıkıntıyı kaldırması için yaratılmış bir varlıktan yardım istemek (istiğase) ile Allah'ın bu üzerindeki sıkıntılı hali gidermesi için yaratılmışın Allah'ın nezdinde şefaatçi olmasını istemek arasında ise açık bir fark vardır.

Bu husus böylece sabit olduğuna göre insanların kıyamet gününde peygamberlerden yardım istemeleri (istiğase) ve onlardan yüce Allah'a insanları hesaba çekmesi için dua etmelerini sonunda cennete gidecek olanların hesab yerindeki sıkıntılardan rahata kavuşmalarını istemeleri maksadı ile olacaktır. Böyle bir isteyiş ise dünyada da, ahirette de caizdir. Şöyle ki sen, seninle birlikte oturan, senin sözünü işiten salih bir kimsenin yanına gider ve ona benim için Allah'a dua et diyebilirsin. Nitekim Rasûlullah *sallallahü aleyhi vesellem*'ın ashabı da hayatta iken ondan bunu istiyorlardı. Vefatından sonra ise asla onlar hiçbir zaman kabrinin yanında ondan böyle bir şey istemediler. Aksine selef-i salih Peygamber efendimizin kabri yanında Allah'a dua etmek maksadını güden kimselerin bu tavırlarını kabul etmemişlerdir. Peki ya bizzat ona dua edip, ondan istemeye ne diyebiliriz?

Dua Talebi ve Selef-i Salih'in Tavrı

Müellifin: "Bu husus sabit olduğuna göre onların peygamberlerden yardım istemeleri..." ifadesi de ikinci cevabı teşkil etmektedir. Şöyle ki insanların peygamberlerden yardım dilemeleri (istiğase) yüce Allah'a insanları o büyük bağkifdeki halden rahata kavuşturması için Allah'a dua etmelerini istemek kabilinden olacaktır. Bizzat kendilerine dua etmek (ve onlardan istemek) değildir. Aksine onların Rablerine dua etmelerine dair bir istekleridir. Bu da caiz bir şeydir. Nitekim ashab-ı kiram da Peygamber *sallallahü aleyhi vesellem*'dan kendilerine Allah'a dua etmelerini istiyorlardı. Buhari ve Müslim'de yer alan Enes *radıyallahu anh.*'ın rivayet ettiği hadise göre bir adam bir cuma günü Peygamber *sallallahü aleyhi vesellem* hutbe irad ederken mescide girerek şöyle demiş: "Ey Allah'ın Rasûlü! Mallar telef oldu, yollar kesildi. Sen yüce Allah'a bize yağmur yağdırması için dua buyur." demiş fakat ey Allah'ın Rasûlü sen bizim için yağmur yağdır dememiştir. Aksine "Allah'a bize yağmur yağdırması için dua et" demiştir. Peygamber *sallallahü aleyhi vesellem* de ellerini kaldırarak üç defa: *"Allah'ım bize yağmur yağdır"* diye buyurmuştur. Yüce Allah bir bulut peydah ederek, bulut yağmur yağdırdı. Tam bir hafta boyunca güneşi görmediler. Yağmurda oluk oluk yağıyordu. Bir sonraki cuma yine bir adam ya da aynı adam gelerek şöyle dedi: "Ey Allah'ın Rasûlü! Mallarımız su altında kaldı, binalar yıkıldı. Yüce Allah'a bu yağmuru kesmesi için dua buyur" dedi. Bunun üzerine Peygamber *sallallahü aleyhi vesellem* da Rabbine dua ederek şöyle buyurdu: *"Allah'ım üzerimize değil, etrafımıza (yağdır). Allah'ım tepelere, tümseklere, vadilerin iç taraflarına, ağaçların bittikleri yerlere (yağdır)."*[21] Bunun üzerine semadaki bulutlar ayrıldı ve ashab-ı kiram (mescidden) çıkıp güneşte (evlerine gitmek üzere) yürüyüp gittiler.

İşte bu Rasûlullah *sallallahü aleyhi vesellem*'dan yüce Allah'a dua etmesi için yöneltilmiş bir istektir. Yoksa Rasûlullah *sallallahü aleyhi vesellem*'ın kendisine yapılan bir dua da değildir, ondan bir yardım istemek (istiğase) da değildir. Böylelikle bu gibi kimselerin ortaya attıkları bu şüphenin kendilerine fayda sağlayacak bir şüphe olmadığı anlaşılmaktadır. Aksine bu şüphe Allah tarafından kabul edilmeyen çürük, tutarsız bir şüphedir.

Daha sonra müellif şunu sözkonusu etmektedir: Kendisini bildiğin ve salih olduğunu da bildiğin salih bir insana giderek ondan senin için Allah'a dua etmesini istemende bir sakınca yoktur. Bu doğrudur. Şu kadar var ki insanın bunu bir adet haline getirmemesi gerekir. Salih bir kişi gördüğü her seferinde o kimseye benim için Allah'a dua et demeye kalkışmamalıdır. Çünkü böylesi selefin -Allah onlardan razı olsun- adeti değildi. Ayrıca böyle bir tutum başkasının duasına bel bağlama sonucunu da getirir. Bilindiği gibi insan bizzat Rabbine dua edecek olursa, bu onun için daha hayırlıdır. Çünkü o böylelikle kendisini yüce Allah'a yakınlaştıran bir ibadette bulunmuş olmaktadır. Şüphesiz ki dua yüce Allah'ın şu buyruğunda olduğu gibi bir ibadet çeşididir:
"Bana dua edin, ben de sizin duanızı kabul edeyim." (el-Mu'min, 40/60)
Yine insan bizzat Rabbine dua edecek olursa, kendisi de ibadetin ecrini elde eder. Ayrıca menfaatin elde edilmesi, zararın önlenmesinin gerçekleşmesi hususunda da yüce Allah'a güvenip dayanır. Halbuki başkasından kendisi için Allah'a dua etmesini isteyecek olursa, bu başkasına bel bağlar ve belki de bu başkasına bağlanması yüce Allah'a olan bağlılığından daha ileriye de gidebilir. Böylesi ise tehlikeli bir husustur. Nitekim Şeyhu'l-İslam (İbn Teymiyye) şöyle demiştir: "İnsan bir kimseden kendisine dua etmesini isteyecek olursa, şüphesiz ki bu yerilmiş istek çeşitlerindendir." O halde insana gereken şudur: Bir başkasından kendisine dua etmesini isteyecek olursa, bununla o kimsenin kendisine dua etmesi suretiyle fayda sağlama niyetini gütmesi gerekir. O vakit bundan dolayı kendisi bir ecir alır, belki de hadis-i şerifte belirtildiği üzere bir kimse kardeşine gıyabında dua edecek olursa, melekler de: Amin, sana da onun gibisi olsun diye hadiste belirtilen mükafata da nail olabilir.

Cebrail'in, İbrahim'e Bir İhtiyacın Var mı? Diye Sorması

---

[21] Buhari, İstiska, Babu'l-İstiska-i fi Hutbati'l-Cumuati; Müslim, Salatu'l-İstiska, Babu'd-Duai fi'l-İstiska.

Bunların bir başka şüphesi daha vardır. O da İbrahîm aleyhisselam'ın ateşe atılması kıssasıdır. Cebrail havada ona görünerek bir ihtiyacın var mı? diye sormuş. İbrahîm: Sana ihtiyacım sözkonusu değil diye cevab vermiştir. Derler ki: Şâyet Cebrail'den yardım dilemek (istiğasede bulunmak) bir şirk olsaydı, Cebrail bunu İbrahîm'e teklif etmezdi.

Buna cevab şudur: Bu da ilk şüphe türünden bir şüphedir. Cebrail ona güç yetirebileceği bir işle fayda sağlamak teklifinde bulunmuştur. Çünkü Cebrail yüce Allah'ın hakkında buyurduğu gibi: *"Çetin güçler sahibi"* (en-Necm, 53/5) bir melektir. Eğer Allah kendisine İbrahîm'i yakacak olan ateşi, onun etrafında bulunan yeri ve dağları kaldırıp, doğuya ya da batıya atmak için izin vermiş olsaydı, Cebrail bunu yapabilirdi. Eğer ona İbrahîm'i onlardan uzakça bir yere koyma emrini vermiş olsaydı, bunu yapabilirdi. Eğer ona semaya kaldırması emrini vermiş olsaydı, bunu yapabilirdi. Bu çokça malı olan zengin bir adamın ihtiyaç içerisinde bir adam görüp, ona kendisine borç vermek yahutta ihtiyacını görmesini sağlayacak bir şeyler hibe etmeyi teklif etmesine, muhtaç kimsenin de bir şeyler almayı kabul etmeyerek Allah kendisine hiçbir kimseye minnet duymayacağı bir rızık gönderinceye kadar sabretmeyi tercih etmesine benzer. Şimdi bunun kulları yardıma çağırmaya (istiğasede bulunmaya) ve şirke benzer neresi vardır? Keşke iyice anlayabilselerdi.

Müellifin: "Bunların bir başka şüphesi daha vardır. O da İbrahîm *aleyhisselam*'ın ateşe atılması kıssasıdır..." Bu şüpheye karşı verilen cevaba gelince: Cebrail, İbrahîm *aleyhisselam*'a mümkün ve yapabileceği bir teklifte bulunmuştur. Eğer Allah Cebrail'e izin vermiş olsaydı, Allah'ın kendisine vermiş olduğu kuvvet ile o bu izin verilen hususu yerine getirirdi. Çünkü Cebrail yüce Allah'ın nitelendirdiği şekilde "çetin güçler sahibi" bir melektir. Eğer Allah ona İbrahîm'in ateşini ve onun etrafında bulunanları alıp doğuya ya da batıya bırakmasını emretmiş olsaydı, şüphesiz o da bunu yapardı. Eğer ona İbrahîm'i onlardan uzak bir yere taşımasını emretmiş olsaydı, bunu yapardı. Ona İbrahîm'i semaya yükseltme emrini vermiş olsaydı, yine bunu yapardı.

Müellif daha sonra buna zengin bir kimsenin fakir bir kimseye gidip: Senin mala bir ihtiyacın var mı? Borç yahut hibe veya başka bir şekilde vermemi ister misin? demesini örnek göstermektedir. Böyle bir iş o zenginin güç yetirebileceği işlerdendir ve elbetteki bu şirk sayılmaz. Eğer bu fakir şahıs: Evet ihtiyacım vardır, bana borç ver yahut bana bağışta bulun diyecek olursa, o fakir şahıs da şirk koşmuş olmaz.

Tevhid Hususunda Önemli Bir Açıklama

-Yüce Allah'ın izniyle- sözlerimizi pek büyük ve oldukça önemli şimdiye kadar ki açıklamalardan da anlaşılan bir mesele ile bitirelim. Bu mesele oldukça önemli olduğundan ve çokça hataya düşülmesine sebeb teşkil ettiğinden ayrıca onu sözkonusu etmemiz gerekmektedir: Tevhidin hem kalb, hem dil, hem de amel ile olmasının kaçınılmaz olduğu üzerinde görüş ayrılığı yoktur. Bunlardan herhangi birisi yerine getirilmeyecek olursa, kişi müslüman olamaz. Şâyet tevhidi bilmekle birlikte gereğince amel etmezse, o tıpkı Firavun, İblis ve benzerleri gibi inatçı bir kâfirdir.

Müellif bu şüphelerin sonunda oldukça büyük olan şu meseleyi sözkonusu etmektedir: İnsanın hem kalbi, hem sözü, hem de ameliyle muvahhid olması kaçınılmaz bir husustur. Şâyet kalbiyle tevhid edici olmakla birlikte sözü ya da ameliyle tevhid edici olmazsa, şüphesiz ki o iddiasında doğru olmayan bir kimsedir. Çünkü kalbin tevhidinin arkasından söz ve amel ile tevhid gelir. Zira Peygamber *sallallahü aleyhi vesellem* şöyle buyurmaktadır:

"Şunu bilin ki şüphesiz ki vücutta bir çiğnem et vardır. O düzelirse, bütün vücud düzelir, o bozulursa bütün vücud bozulur. İyi bilin ki o kalbtir."[22]

Bir kimse iddia ettiği üzere kalbiyle tevhid edici olmakla birlikte Allah'ı söz ve davranışlarıyla tevhid etmeyecek olursa, bu kişi hakkı kesin olarak bilmekle beraber, batıl üzere ısrar ve inat edip, daha önceki rububiyyet iddiasını sürdüren Firavun kabilinden bir kimse olur. Yüce Allah ise şöyle buyurmaktadır:

"Kalbleri onlara inandığı halde, zulümle büyüklenmeleri sebebi ile onları (âyetlerimizi) inkar ettiler." (en-Neml, 27/14)

Yüce Allah Musa *aleyhisselam*'ın Firavun'a şöyle dediğini bize zikretmektedir:

"Andolsun ki bunları birer ibret olmak üzere göklerin ve yerin Rabbinden başka kimsenin indirmediğini bilmişsindir." (el-İsra, 17/102)

Bu hususta ise insanların çoğu yanlışlık yapmakta ve şöyle demektedirler: Bu doğrudur ve biz bunu anlıyoruz, hak olduğuna da tanıklık ediyoruz. Şu kadar var ki böyle bir şeyi biz yapamıyoruz. Bizim ülkemizin halkı arasında ancak uygun gördükleri şeyler yapılabilir... ve buna benzer daha başka mazeretler ileri sürerler.

Müellifin: "Bu hususta insanların bir çoğu yanlışlık yapmaktadırlar..." sözleri şu demektir: İnsanların çoğu bu hususun hak olduğunu bilir ve: Biz bunun hakkın kendisi olduğunu biliyoruz fakat bizler beldemizin insanlarına uymadığı için buna güç yetiremiyoruz derler ve buna benzer mazeretler ileri sürerler. Böyle bir mazeretin ise Allah nezdinde kendilerine bir faydası olmaz. Çünkü kişiye düşen Allah'ın rızasını aramaktır. İsterse insanlar öfkelensinler. İnsanların rızalarına Allah'ı gazablandırmak pahasına uymamak gerekir. Bu ise onların atalarının

---

[22] Buhari, 52; Müslim, 1599 nolu hadisler.

ileri sürdükleri delillere benzer bir gerekçedir ki sözü edilen bu ataların yüce Allah şöyle söylediklerini bize aktarmaktadır:

"Biz atalarımızı bir din üzere bulduk ve gerçekten biz onların izleri üzerinde doğruya erdirilmiş kimseleriz." (ez-Zuhruf, 43/22)

Bir diğer âyette de:

"... Muhakkak bizler onların izlerine uyanlarız." (ez-Zuhruf, 43/23) dedikleri zikredilmektedir.

Fakat bu zavallı kişi küfür önderlerinin çoğunun hakkı bilmekle birlikte ancak birtakım mazeretler ileri sürerek terkettiklerini bilmemektedir. Nitekim yüce Allah şöyle buyurmaktadır:

"Onlar Allah'ın âyetlerini az bir bedel karşılığında sattılar." (et-Tevbe, 9/9)

Ve buna benzer; *"Onu öz oğullarını tanıdıkları gibi tanırlar."* (el-Bakara, 2/146) buyruğu ile diğer âyetlerde olduğu gibi.

Müellifin: "Fakat bu zavallı... bilmez" sözleri şu demektir: Bu fıkıh (ince anlamları kavrama) ve basiret yoksunu kimse küfür önderlerinin çoğunlukla hakkı bilmekle birlikte inatlaşarak hakka muhalefet ettiklerini de bilmemektedir. Nitekim yüce Allah şöyle buyurmaktadır:

"Kendilerine kitabı verdiğimiz kimseler onu öz oğullarını tanıdıkları gibi tanırlar." (el-Bakara, 146) ve; *"Allah'ın âyetlerini az bir bedele sattılar."* (et-Tevbe, 9/9) diye buyurmaktadır. Bunlar kendilerine hiçbir şekilde fayda sağlamayacak şeyleri mazeret diye ileri sürüyorlardı. Kimilerinin başkanlıklarının elden gideceğinden, meclislerin başlarında oturma imkanını ve benzeri imkanları kaybedeceklerinden korkmaları gibi.

Küfrün önderlerinin birçoğu hükmü bilirler. Fakat onlar o hükümden hoşlanmıyor ve ona uymuyorlar. Gereğince amel etmeksizin hakkı bilmek, hakkı büsbütün bilmemekten daha ağırdır. Çünkü hakkı bilmeyen bir kimse mazur görülebilir. Böyle bir kimse hakkı bilip, kendisine gelebilir ve büyüklük taslayan inatçının aksine öğrenmeye başlayabilir. Bundan dolayı yahudiler gazaba uğramış kimseler olmuşlardır. Çünkü onlar hakkı bilmekle birlikte onu terketmişlerdi. Hristiyanlar da sapıtmış kimselerdirler, çünkü onlar hakkı bilmiyorlardı. Fakat Rasûlullah *sallallahü aleyhi vesellem*'in peygamber olarak gönderilmesinden sonra hristiyanlar da bilen kimselerden oldular ve kendilerine gazab edilmiş olmaları bakımından tıpkı yahudiler gibi oldular.

Tevhidi anlamadığı ya da kalbinden ona inanmadığı halde açıkça tevhid gereğince amel eden bir kimse münafıktır. Böyle bir kimse yüce Allah'ın: *"Şüphesiz münafıklar cehennemin en aşağı tabakasındadırlar."* (en-Nisa, 4/145) buyruğu dolayısıyla sade kâfirden daha kötüdür.

Müellif şunu söylemektedir: Bir kimse zahiren yani dil ve azaları ile tevhid gereğince amel etmekle birlikte kalbten tevhide iman etmiyor ve onu kavramıyor ise o kimse münafıktır ve açıktan açığa kâfir olduğunu söyleyen kimseden daha kötüdür. Çünkü yüce Allah: *"Şüphesiz münafıklar cehennemin en aşağı tabakasındadırlar."* (en-Nisa, 4/145) diye buyurmaktadır. Bu hakkı bilmekle birlikte kalbten o haktan hoşlanmayan ve o hak ile kalbi huzur bulmayıp, hak kalbinde yer etmemekle birlikte Allah'ı, Rasûlünü ve mü'minleri aldatmak maksadı ile şeriata bağlı olduğunu izhar eden inatçı kimse hakkında açıkça anlaşılan bir hükümdür. Bu hakkı büsbütün anlayamayan ve bunu farkedemeyen, bununla birlikte insanların amel ettiği gibi amel ederek onların işleri ve bu yaptıklarının maksadının ne olduğunu açıkça bilemeyen kimseye gelince, buna tebliğ etmek ve gerçeği öğretmek gerekir. Şâyet üzerinde bulunduğu kalbi inkar halinde ısrar edecek olursa, o kimse münafıktır.

Bu mesele pek büyük ve uzun bir meseledir. İnsanların söyledikleri sözlerde bu mesele üzerinde iyice düşünüldüğü takdirde kimin hakkı bildiği ve bununla birlikte dünyalığı eksileceği makam ve mevkisini kısmen ya da tamamen kaybedeceği korkusu yahut herhangi bir kimseye karşı durumu idare etmek maksadı ile hak gereğince ameli terkettiği açıkça görüleceği gibi batılen değil de, sadece zahiren hak gereğince kimlerin amel ettiği de görülür. Böyle bir kimseye kalbindeki itikadına dair soru sorulacak olursa, bunu bilmediği görülür. Fakat bu durumda kişiye düşen yüce Allah'ın kitabındaki iki âyet-i kerimeyi iyice kavramaktır.

Müellif bu meselenin pek büyük ve uzunca bir mesele olduğunu açıklamaktadır. Yani bu meseleyi etraflı bir şekilde ele almak uzayıp gider. Çünkü insanların bir çoğu kınanmak korkusu ile yahut bir makam ya da dünyalık ümidi ile hakkı kabul etmek istemez. O bakımdan kimin münafık, kimin de samimi ve halis bir iman ile mü'min olduğunun bilinebilmesi için insanların hallerinin izlenip, ele alınmasına ve bütünü ile bilinmesine gerek vardır.

Bu iki âyetin birincisi yüce Allah'ın: *"Özür dilemeyin. Siz iman ettikten sonra gerçekten kâfir oldunuz."* (et-Tevbe, 9/66) buyruğudur. Rasûlullah *sallallahü aleyhi vesellem* ile birlikte Bizanslılara karşı gazaya katılan bazı ashabın eğlence ve oyun olsun diye söyledikleri bir söz sebebi ile kâfir oldukları açıkça anlaşıldığına göre malı yahut mevkii eksilir korkusuyla ya da herhangi bir kimseye karşı durumu idare etmek maksadı ile küfrü gerektiren bir söz söyleyen yahut gereğince amel eden bir kimsenin de alay ve şaka olsun diye bir söz söyleyen kimseden daha ileri bir durumda olduğu açıkça anlaşılır.

Müellif yüce Allah'ın kitabındaki iki âyetin iyice düşünmesini teşvik etmektedir. Bunlardan birisi:*"Özür dilemeyin siz iman ettikten sonra gerçekten kâfir oldunuz."* (et-Tevbe, 9/66) âyetidir. Bu âyet-i kerime Rasûlullah *sallallahü aleyhi vesellem*'ı ve onun Kur'ân'ı bilen ashabına dil uzatan münafıklar hakkında inmiştir.

Müellif şöyle demektedir: Rasûlullah *sallallahü aleyhi vesellem* ile birlikte Tebuk gazvesine katılan bu münafıklar ciddi değil de şaka olsun diye söyledikleri bir söz sebebiyle kâfir olduklarına göre konumunu yahut mevkiini kaybetmek korkusu ya da benzeri bir sebeble kalbinden isteyerek ve ciddi olarak kâfir olan bir kimse hakkındaki kanaat ne olabilir? Elbetteki onun bu yaptığı öbürünkinden çok çok büyüktür. Çünkü ister korku, ister ümit maksadı ile olsun gerçekte hepsi imanlarından sonra küfre sapmış kimselerdirler. Onlar bu işi ister alay olsun diye yapmış olsunlar, isterse de ciddi ve küfür maksadıyla yapmış olsunlar farketmez. Şüphesiz ki herbir insan eğer içinden küfrü gizlemekle birlikte, müslüman olduğunu açığa vuruyor ise o hangi şekilde olursa olsun münafık bir kimsedir.

İkinci âyet-i kerime de yüce Allah'ın şu buyruğudur:

"Kalbi imanla dolu olduğu halde zorlananlar müstesna olmak üzere kim imandan sonra Allah'ı tanımaz ve küfre göğüs açarsa, işte Allah'ın gazabı onların üzerinedir ve onlar için çok büyük bir azab da vardır. Bunun sebebi onların dünya hayatını, ahiretten daha çok sevmeleridir." (en-Nahl, 16/106-107)

Yüce Allah bu gibi kimseler arasından sadece kalbi iman ile dopdolu olmakla birlikte zorlanan kimseyi istisna etmiş bulunmaktadır. Bunun dışında kalanlar ise bu işi ister korkarak, ister durumu idare etmek maksadıyla, ister vatanından, ailesinden, aşiretinden ya da malından uzak kalmak istemediği, onları elden çıkarmak istemediği için yapmış olsun, isterse de şaka yollu yahutta bunun dışında -zorlanan bir kimse olması hali müstesna- her ne maksatla yapmış olursa olsun imanından sonra kâfir olur.

Müellifin üzerinde iyice düşünülmesini teşvik ettiği ikinci âyet bu âyettir. Bu âyet şuna delildir: Zorlanan kimse dışında imanından sonra kâfir olan hiçbir kimsenin mazereti makbul değildir. İster şaka, ister bir görevi kaybetmemek, ister vatanı savunmak ya da buna benzer başka herhangi bir maksat ile olursa olsun kendi tercihi ve iradesi ile küfrü gerektiren bir iş yapan bir kişi kâfir olur. Çünkü yüce Allah kalbi iman ile dopdolu olmak şartıyla zorlanan kimse dışında hiçbir kimsenin kâfir olmasının mazeretini kabul etmemiştir.

Ayet bu hususa şu iki bakımdan delil teşkil etmektedir:

1- Yüce Allah'ın: *"Zorlananlar müstesna olmak üzere"* diye buyurmuş olmasıdır. Yüce Allah sadece zorlanan kimseyi istisna etmiştir. Bilindiği gibi insan ancak bir söz söylemeye yahutta bir iş işlemeye zorlanabilir. Kalbte bir inanca sahib olmak için ise hiç kimse zorlanamaz.

Yani yüce Allah bu âyet-i kerimede kâfirlerden zorlananlar dışında kalanları istisna etmemiştir. Zorlamak (ikrah) ise ancak söz ya da fiil hakkında olabilir. Kalbin inancına gelince, Allah'tan başka kimse onu bilemez ve bu hususta ikrah (zorlama) düşünülemez. Çünkü herhangi bir kimsenin bir şahsı zorlayarak: Senin şöyle şöyle inanman kaçınılmazdır demesine imkan yoktur. Zira bu kişinin bilmesine imkan olmayan gizli bir haldir. İkrah ancak söz ya da davranış ile açığa çıkan şeyler hakkında sözkonusu olabilir.

İkinci şekle gelince, yüce Allah şöyle buyurmaktadır: *"Bunun sebebi onların dünya hayatını, ahiretten daha çok sevmeleridir."* Yüce Allah burada böyle bir küfür ve azabın inanç, cahillik, dinin sevilmemesi yahut küfrün sevilmesi gibi bir sebeble sözkonusu olmadığını, aksine sebebinin bu tutumda dünyevi bir halin sebeb teşkil ettiğini ve kişinin dünyevi bu payı dinine tercih ettiğini açıkça ifade etmektedir.

Ayetin ikinci delalet yönü şudur: Bunlar dünya hayatını ahiretten daha çok sevmiş kimselerdir. Dolayısıyla onların küfre sapmalarının sebebi dünyayı, ahiretten daha çok sevmeleridir. Dünya ile kastedilen onunla ilgili hertürlü makam, mal, başkanlık ya da buna benzer dünyada bulunan ve ahirete tercih edilen herşeydir. Böyle bir kimsenin kâfir olması dünyayı tercih etmesinden ötürüdür. O bakımdan bu kişi küfrü sevmese dahi kâfir olur. Çünkü bu kimse dünya hayatını seven bir kimsedir ve bundan dolayı küfre yönelmektedir. Çünkü bazı insanlar küfrü sevdiği ve beğendiği için kâfir olduğu gibi, bazı insanlar mal, mevki ya da başkanlık dolayısıyla kâfir olmaktadır. Kimi insanlar da bu yolla yönetimlerden bir şeyler elde etmek maksadıyla küfre sapmaktadır ve buna benzer sebeblerle küfre sapar. Kısacası küfre sapmanın maksatları pek çoktur.

Yüce Allah'tan bizleri sırat-ı müstakime iletmesini, bizi hidayete ilettikten sonra kalblerimizi saptırmamasını niyaz ederiz.

En iyi bilen şanı yüce Allah'tır. Peygamberimiz Muhammed'e, onun aile halkına, ashabına da salat ve selamlar olsun.

Şeyhu'l-İslam Muhammed b. Abdülvahhab -Allah'ın rahmeti üzerine olsun- bu kitabını ilmi aziz ve celil olan Allah'a havale ederek, peygamberi Muhammed *sallallahü aleyhi vesellem*'a da salat ve selam ile bitirmektedir. Böylelikle "Keşfu'ş-Şubuhât (Şüphelerin Giderilmesi)" adlı eser de sona ermektedir.

Yüce Allah'tan bu ilme en güzel şekli ile mükafatlandırmasını, onun ecir ve mükafatından bizi de payidar kılmasını, lütuf ve ihsan yurdunda onunla birlikte bizi bir araya getirmesini niyaz ederiz. Şüphesiz ki O ihsanı bol ve pek cömert olandır. Alemlerin Rabbi Allah'a hamdolsun, Peygamberimiz Muhammed'e Allah'ın salat ve selamları olsun.

<h1 style="text-align:center">ALTI ESASIN AÇIKLANMASI</h1>

Bismillahirrahmanirrahiym:

Rahman ve Rahîm Allah'ın Adıyla

Müellif besmele ile başlayan yüce Allah'ın kitabı Kur'ân-ı Kerim'e ve yazdığı mektublara besmele ile başlayan Allah'ın Rasûlüne uyarak, eserine besmele ile başlamaktadır. Besmelenin başındaki car ve mecrur konuma uygun ve sonradan zikredildiği kabul edilen hazfedilmiş bir fiile taalluk etmektedir ki burada takdiri Allah'ın adı ile yazarım şeklinde (anlamında)dır.

Bunu fiil olarak takdir edişimizin sebebi amel eden lafızların aslı itibariyle fiiller oluşundan dolayıdır. Bunu sonradan gelen bir lafız olarak takdir edişimizin de iki sebebi vardır:

1- Yüce Allah'ın adı ile başlamanın bereketinden yararlanmak.

2- Müteallakın öne gelmesi, hasır ifade etmesi dolayısıyla hasr anlamını ortaya koymak.

Bu takdiri münasib bir fiil olarak zikredişimizin sebebi ise maksada daha bir delalet edişinden dolayıdır. Mesela biz bir mektub okumak istediğimizde, Allah'ın adı ile başlarız diyecek olur isek bizim neye başladığımız anlaşılamaz. Fakat Allah'ın adı ile okuruz diyecek olursak, maksada daha açık bir delil teşkil eder.

Lafza-i celal şanı yüce yaratıcının özel adıdır. Bütün isimlerin kendisine tabi olduğu isim budur. Öyle ki yüce Allah şöyle buyurmaktadır:

"Bu, insanları Rablerinin izni ile karanlıklardan nura yegane galib (aziz), hamde layık olan (hamid olan Allah)'ın yoluna çıkarman için sana indirdiğimiz bir kitabtır. O Allah ki göklerde ve yerde ne varsa hepsi O'nundur." (İbrahîm, 14/1-2)

Bizler "Allah" lafza-i celalinin sıfat olduğu görüşünde değiliz. Aksine burada lafza-i celal atf-ı beyan konumundadır. Böylece lafza-i celal tıpkı sıfatın mevsufa tabi oluşu gibi kendisinden önce zikredilmiş olan lafza tabi olmasın. Bundan dolayı ilim adamları şöyle demişlerdir: Marife isimlerin en marifesi "Allah" lafzıdır. Çünkü bu lafız yüce Allah'tan başkasına delalet etmez.

Rahman: Yüce Allah'a has olan isimlerdendir. Ondan başkası hakkında kullanılamaz. Geniş rahmet vasfına sahib demektir.

Rahîm ise yüce Allah hakkında da, başkası hakkında da kullanılan bir isimdir. Rahmete nail olana ulaşan bir rahmet sahibi demektir. O halde rahman geniş rahmet sahibi, Rahîm ise bulaşıcı rahmet sahibi demektir. Her ikisi bir arada zikredildikleri takdirde Rahîm ile rahmetini kullarından dilediği kimseye ulaştıran kastedilir. Nitekim yüce Allah şöyle buyurmaktadır:

"Dilediğine azab eder, dilediğine de rahmet eder ve yalnız O'na döndürüleceksiniz." (el-Ankebut, 29/21)

Rahman ile kasıt ise rahmeti bol olan demektir.

Gücü herşeye galib, mutlak egemenin kudretine delalet eden en hayret verici ve en büyük belgelerden birisi de yüce Allah'ın herkesin sandığından daha ileri derecede avama dahi çok açık bir şekilde açıklamış olduğu altı esastır. Bununla birlikte dünyanın en zekileri ve Adem oğullarının en akıllıları arasından pekçok kimse -oldukça küçük bir azınlık dışında- bu altı esas hakkında yanlışlığa düşmüşlerdir.

Şeyhu'l-İslam Muhammed b. Abdülvahhab avamdan olanların da, ilim taleb edenlerin de iyice anlayacağı kısa broşürlere oldukça önem vermiştir. İşte bu risalelerden birisi de "büyük altı esas" adını taşıyan bu risalesidir. Bu esaslar:

1- İhlas ve bunun zıttı olan şirke dair açıklama.

2- Din etrafında bir araya gelmek ve din hususunda tefrikanın yasak kılınışı.

3- Emir sahiblerini dinleyip, onlara itaat etmek.

4- İlim, ulema, fıkıh, fukahaya dair açıklamalar bunlardan olmadığı halde bunlara benzemeye çalışanlar.

5- Allah'ın velileri (dostları)nın kimlikleri.

6- Kur'ân ve sünnetin terki hususunda şeytanın ortaya koyduğu şüphenin reddedilmesi.

Bu esaslar gerçekten gerekli itinanın gösterilmesi gereken önemli esaslardır. Bizler de bunlara dair açıklamalar ve Allah'ın lutfedeceği şekilde bunlara dair notlar düşmek üzere yüce Allah'ın yardımını istiyoruz.

Birinci Esas: Dini Allah'a Halis Kılmak ve Zıttı Allah'a Ortak Koşmak

Birinci esas dini hiçbir ortağı sözkonusu olmaksızın bir ve tek olarak Allah'a halis kılmak. Onun zıttı olan Allah'a ortak koşmaya ve Kur'ân-ı Kerim'in çoğunluğunun bu esası avamın en az bilgilisinin dahi anlayabileceği ifadelerle değişik şekillerde açıklamayı ihtiva ettiğini ortaya koymaktır. Ümmetin büyük çoğunluğu bu hale düşünce şeytan bu ümmete ihlası salihleri küçümsemek ve onların haklarına gereken şekilde riayet etmemek. Buna karşılık Allah'a şirk koşmayı da salihleri ve onlara uyanları sevmek suretinde gösterdi.

Yüce Allah'a dini halis kılmanın anlamı şudur: "Kişi yaptığı ibadet ile Allah'a yakınlaşma maksadını ve onun lutuf ve ihsan yurduna ulaşmayı gözetmesi demektir. Bu da kulun gerek maksadında, gerek muhabbetinde yüce Allah'a ihlasla bağlı olmasını gerektirdiği gibi O'nu tazimde de, O'na ihlasla yönelmiş olmalıdır. Gizli ve açık bütün hallerinde Allah'a ihlasla yönelmeli, ibadetinde yüce Allah'ın rızasından başkasını, O'nun lutuf ve ihsan yurdu olan cennete ulaşmaktan başkasını gözetmemelidir. Nitekim yüce Allah şöyle buyurmaktadır:

44

"De ki: Şüphesiz benim namazım, ibadetlerim, hayatım ve ölümüm alemlerin rabbi olan Allah içindir. O'nun hiçbir ortağı yoktur, ben bununla emrolundum ve ben müslümanların ilkiyim." (el-En'am, 6/162-163)
"Rabbinize dönün ve O'na teslim olun." (ez-Zümer, 39/54)
"İlahınız tek bir ilâhtır. O'ndan başka hiçbir ilâh yoktur. O rahmandır, Rahîmdir." (el-Bakara, 2/163)
"İlahınız bir tek ilâhtır. O halde O'na teslim olun." (el-Hac, 22/34)
Yüce Allah bütün peygamberlerle bu mesajı göndermiştir. Nitekim şöyle buyurmaktadır:
"Senden önce gönderdiğimiz herbir peygambere mutlaka şunu vahyederdik: Benden başka ilâh yoktur. O halde yalnız bana ibadet edin." (el-Enbiya, 21/25)
Yüce Allah müellifin de dediği şekilde bu hususları "avamın en kıt akıllısının dahi anlayacağı ifadelerle çeşitli şekillerde" açıklamıştır. Rasûlullah *sallallahü aleyhi vesellem* da aynı şekilde bunu böylece açıklamıştır. Peygamber *sallallahü aleyhi vesellem* tevhidi tahkik, onu halis kılmak, tevhidi her türlü şaibeden arındırmak, bu tevhidde gedik açma sonucunu yahutta onu zayıflatma sonucunu vermesi mümkün olan her türlü yolu kapatmak üzere gelmiştir. Öyle ki bir adam Peygamber *sallallahü aleyhi vesellem*'e:
"Allah ve sen dilerseniz" deyince, Peygamber *sallallahü aleyhi vesellem* şöyle buyurmuştur:
"Sen beni Allah'a eş mi koştun? Aksine bir ve tek olarak Allah dilerse"[23]
Bu sözleriyle Peygamber *sallallahü aleyhi vesellem* bu adama karşı kendisinin dilemesini yüce Allah'ın dilemesi ile birlikte ikisinin de dilemesini eşit görmeyi gerektirecek bir ifade ile kullanmasını reddetmekte ve bunu yüce Allah'a eş koşmak olarak değerlendirmektedir. Aynı şekilde Peygamber *sallallahü aleyhi vesellem* yüce Allah'tan başkası adına yemin etmeyi haram kılmış ve bunu Allah'a ortak koşmak çeşitlerinden biri olarak değerlendirerek şöyle buyurmuştur:
"Kim Allah'tan başkası adına yemin ederse, o kâfir olur yahut şirk koşmuş olur."[24]
Çünkü Allah'tan başkası adına yemin etmek, adına yemin edilen varlığı ancak yüce Allah'ın haketti ği bir şekilde tazim etmek demektir. Peygamber *sallallahü aleyhi vesellem*'in huzuruna gelen bir heyet:
"Ey Allah'ın Rasûlü bizim en hayırlımız, en hayırlımızın oğlu, efendimiz ve efendimizin oğlu" deyince, şöyle buyurdu:
"Ey insanlar sizler kendinize ait sözlerinizi söyleyiniz. Sakın şeytan sizi hevalarınızın peşine sürüklemesin. Ben Allah'ın kulu ve rasûlü Muhammed'im. Beni yüce Allah'ın getirmiş olduğu konumun üstüne çıkarmanızı sevmiyorum."[25]
Musannif işte bundan dolayı "Kitabu't-Tevhid" adlı eserinde şöylece bir başlık açmaktadır: "Mustafa *sallallahü aleyhi vesellem*'in tevhid alanını koruması ve şirkin yollarını kapatmasına dair gelmiş olan rivayetler."
Yüce Allah ihlası açıklamış olduğu gibi, onun zıttı olan şirki de açıklamış bulunmaktadır. Yüce Allah şöyle buyurmaktadır:
"Şüphesiz Allah kendisine eş koşulmasını mağfiret etmez. Ondan başkasını ise dileyeceğine mağfiret eder." (en-Nisa, 4/116)
"Allah'a ibadet edin, O'na hiçbir şeyi ortak koşmayın." (en-Nisa, 4/36)
"Andolsun ki biz her ümmet arasında: Allah'a ibadet edin ve tağuttan kaçının diye bir peygamber göndermişizdir." (en-Nahl, 16/36)
Bu husustaki âyet-i kerimeler pek çoktur. Peygamber *sallallahü aleyhi vesellem* da şöyle buyurmaktadır:
"Her kim Allah'a hiçbir şeyi ortak koşmaksızın O'nun huzuruna çıkarsa cennete girer. Her kim O'na bir şey ortak koşarak huzuruna çıkacak olursa, cehenneme girer."[26]
Bu hadisi Müslim Hz. Cabir'den rivayet etmiştir.
Şirk iki türlüdür:
1- Kişiyi dinden çıkartan büyük şirk: Bu şariin mutlak olarak zikrettiği ve tevhide mutlak olarak aykırı olan şirk çeşididir. Herhangi bir ibadet çeşidini yüce Allah'tan başkasına yapmak gibi. Mesela Allah'tan başkasına namaz kılmak yahut Allah'tan başkası adına kesmek, Allah'tan başkası adına adakta bulunmak yahut Allah'tan başkasına -bir kabirde yatan kimseye yahut hazır olmayan bir kimseye- dua ederek ancak hazırda bulunan kimsenin güç yetirebileceği bir işten kendisini kurtarmasını istemesi gibi.
Şirkin çeşitleri ilim ehlinin yazdıkları eserlerde bilinmektedir.
2- Küçük şirk ise şariin hakkında şirk niteliğini kullandığı kavli ya da fiili her türlü ameldir. Ancak bu nitelik tevhide mutlak bir aykırılık arzetmez. Allah'tan başkası adına yemin etmek gibi. Yüce Allah'tan başkası adına yemin etmekle birlikte, Allah'tan başka herhangi bir varlığın Allah'ın azametine denk bir azamete sahib olduğuna inanmamakla birlikte yemin eden bir kimse küçük şirk koşmuş olur. Aynı şekilde riyakarlık da buna bir örnektir, oldukça tehlikelidir. Peygamber *sallallahü aleyhi vesellem* riyakarlık hakkında şöyle buyurmuştur:

---

[23] Ahmed, Müsned, I, 214 ve 224; Nesaî, Amelu'l-Yevmi ve'l-Leyle, s. 286, hadis no: 994-995; Abdu'r-Rezzak, el-Musannef, XI, 27; Buhari, el-Edebu'l-Müfred, s. 234.

[24] Ahmed, Müsned, II, 125; Ebu Davud, el-Eymanu ve'n-Nuzur, Babu'l-halfi bi gayrillahi teala; Tirmizi, en-Nuzur, Bab-u kerahiyyeti'l-halfi bi gayrillahi; Tirmizi: Hasen bir hadistir demiştir; Beyhaki, es-Sünen, X, 29; el-Beğavî, fierhu's-Sünne, X, 7; Hakim, el-Müstedrek, I, 65: "Buhari ve Müslim'in şartına göre sahih bir hadistir" kaydıyla.

[25] Ahmed, Müsned, III, 241; Abdu'r-Rezzak, el-Musannef, XI, 272; Buhari, el-Edebu'l-Müfred, no: 875.

[26] Buhari, İlm, Bab-u men hassa bi'l-ilmi kavmen...; Müslim, İman, Bab-u men mate la yuşriku billahi şey'en dehale'l-cenneh...

"Sizin için en korktuğum şey küçük şirktir." Ona hangisi olduğu sorulunca, *"riyakarlıktır"* diye buyurmuştur.[27]
Bazan riyakarlık büyük şirke de ulaşabilir. İbnu'l-Kayyim *Allah ona rahmet etsin* küçük şirke az miktardaki riyakarlığı örnek göstermiştir. Bu da çok miktardaki bir riyakarlığın büyük şirke ulaşabileceğine işarettir. Bazı ilim adamları yüce Allah'ın:*"Şüphesiz Allah kendisine eş koşulmasını mağfiret etmez."* (en-Nisa, 4/116) buyruğunun küçük dahi olsa hertürlü şirki kapsamına aldığı kanaatindedir. O halde mutlak olarak şirkten kaçınmak gerekir. Çünkü şirkin akıbeti çok vahimdir. Yüce Allah şöyle buyurmaktadır:
"Çünkü kim Allah'a ortak koşarsa, hiç şüphesiz Allah ona cenneti haram kılar. Onun varacağı yer ise ateştir. Zulmedenlerin hiçbir yardımcıları yoktur." (el-Maide, 5/72)
Cennet Allah'a ortak koşan müşriğe yasak kılındığına göre o kimsenin cehennem ateşinde ebedi olarak kalması sözkonusu olur. Allah'a ortak koşan bir kimse hiç şüphesiz ahireti kaybetmiş bir kimsedir. Çünkü o cehennem ateşinde ebedi kalacaktır. Dünyayı da kaybetmiş olur, çünkü dünya hayatında ona karşı delil ortaya konulmuş ve uyarıcı ona gelmiş bulunmaktadır. Fakat o buna rağmen ziyan etmiş ve dünyadan herhangi bir fayda sağlayamamıştır. Yüce Allah şöyle buyurmaktadır:
"De ki gerçekten zarar edenler kıyamet gününde hem kendilerini, hem de bağlılarını kaybedenlerdir. Uyanık olun işte bu apaçık hüsranın ta kendisidir." (ez-Zümer, 39/15)
Böyle bir kimse kendisini kaybetmiş olacaktır, çünkü kendisinden hiçbir fayda sağlamamış olacaktır. Ayrıca bizzat kendi nefsini ateşe ulaştırmış olacaktır, orası ise varılacak yerlerin en kötüsüdür. Yakınlarını da kaybetmiş olur, çünkü bu yakınları eğer mümin iseler cennette olacaklardır. Onlardan hiçbir şekilde istifade edemeyecek, zevk alamayacaktır. Eğer ateşte iseler yine aynı durum sözkonusudur. Çünkü ateşe herbir ümmet girdikçe kendisini bu hale sokan diğer ümmete lanet okuyacaktır.
Şunu bilmek gerekir ki şirk oldukça gizlidir. Halilu'r-Rahman ve haniflerin imamı (İbrahîm aleyhisselam) dahi yüce Allah'ın ondan bize aktardığı duasında görüldüğü gibi şirkten koşmuştur: *"Beni ve çocuklarımı putlara tapmaktan uzak tut."* (İbrahîm, 14/35) diye dua etmiştir. Burada onun "uzak tut" demiş olmasına "alıkoy" demediğine dikkat etmek gerekir. Çünkü "beni uzak tut" yani sen beni sana ibadet tarafında bulundur, putlar ise ayrı bir tarafta olsunlar. Bu ifade beni alıkoy ifadesinden daha beliğdir, çünkü kendisi bir tarafta, putlar bir tarafta bulunur iseler onlara ibadetten daha uzak kalır. İbn Ebi Müleyke şöyle demiştir: "Ben Rasûlullah *sallallahü aleyhi vesellem*'ın ashabından otuz kişiye yetiştim, hepsi de kendisi adına münafıklıktan korkardı."[28]
Müminlerin emiri Ömer b. el-Hattab *radıyallahu anh.*, Huzeyfe b. el-Yeman'e şöyle demiştir: "Allah adına sana and veriyorum. Rasûlullah *sallallahü aleyhi vesellem* sana münafıkların isimlerini verirken, benim de ismimi verdi mi?" Halbuki Rasûlullah *sallallahü aleyhi vesellem* onu cennet ile müjdelemişti. Ancak Rasûlullah *sallallahü aleyhi vesellem*'in hayatta iken yaptığı işleri gördüğünden ötürü de (kendisi adına münafıklıktan) korkmuş idi. Esasen münafık olmamaktan yana ancak münafık olanlar emin olur. Münafık olmaktan da ancak mümin olanlar korkar. O halde kula düşen ihlasa alabildiğine dikkat etmek ve bu hususta kendi nefsiyle gereken mücadeleyi vermektir. Seleften kimisi şöyle demiştir: "Ben nefsimle ihlas için mücadele ettiğim kadar hiçbir hususta mücadele etmiş değilim." Çünkü şirk gerçekten zor bir iştir, kolay değildir. Fakat yüce Allah ihlası kula kolaylaştırır. Bu da kulun yüce Allah'ın rızasını hedef gözetmesi, ameliyle Allah'ın rızasına yönelmesi ile mümkündür.

İkinci Esas: Dinin Etrafında Birleşmek ve Zıttı Dinde Ayrılığa Düşmek

Yüce Allah din etrafında birleşmeyi etretmiş olup, din hususunda ayrılığa düşmeyi yasaklamıştır. Yüce Allah bu hususu avamın dahi anlayacağı şekilde rahatlatacak bir surette açıklamış bulunmaktadır. Bizlere, bizden önce ayrılıp, ihtilaf eden ve sonunda helak olan kimseler gibi olmayı yasaklamıştır. Müslümanlara din etrafında birleşip, din hususunda ayrılığa düşmelerini yasakladığını emrettiğini belirtmiştir. Sünnette varid olmuş hususlar buna daha da bir açıklık getirmektedir ki bu hususta gerçekten kişi hayrete düşer. Fakat sonunda insanlar dinin esasları ve dinde ilim ve fıkıh sahibi olmak demek olan fer'î hükümleri hususunda ayrılığa düştüler ve artık zındık ya da deli kimseler dışında din etrafında birleşmekten kimse söz etmeyecek hale kadar gelinmiş oldu.
Müellifin zikrettiği esasların ikincisi din etrafında birleşmek ve din ile ilgili hususlarda ayrılığa düşmenin yasaklanışı ile ilgilidir. Bu gerçekten büyük bir esastır. Yüce Allah'ın kitabı ve Rasûlünün sünneti ile ashab-ı kiramın ve selef-i salihin ameli buna delil teşkil etmektedir:
Yüce Allah'ın kitabındaki deliller:
"Ey iman edenler Allah'tan nasıl korkmak gerekirse, öyle korkun ve siz ancak müslümanlar olarak ölün. Hepiniz toptan Allah'ın ipine sarılın, parçalanıp ayrılmayın. Allah'ın üzerinizdeki nimetini de hatırlayın. Hani siz düşmanlar idiniz de kalblerinizi birleştirmişti de O'nun nimetiyle kardeş olmuştunuz ve yine siz ateşten bir çukurun kenarındayken oradan da sizi o kurtardı. İşte Allah hidayet bulasınız diye size âyetlerini böylece apaçık bildiriyor." (Al-i İmran, 3/102-103)

---

[27] Ahmed, Müsned, V, 428; İbn Ebi Şeybe, İman, s. 86, Babu'l-huruci mine'l-imani bi'l-maasi; el-Heysemi, Mecmau'z-Zevaid, X, 222, "Bu hadisi Taberani de rivayet etmiş olup, ravileri Abdullah b. Şebib b. Halid dışında sahihin ravileridir. Ayrıca bu sika bir ravidir" kaydıyla.
[28] Buhari, İman, Bab-u havfi'l mu'mini en yuhba taamelehu ve huve la yeş'uru

"Siz kendilerine apaçık deliller geldikten sonra parçalanıp, ayrılığa düşenler gibi olmayın. İşte onlar için büyük bir azab vardır." (Al-i İmran, 3/105)

"Birbirinizle çekişmeyin, sonra korkuya kapılırsınız, gücünüz parçalanıp gider." (el-Enfal, 8/46)

"Dinlerini parça parça edip, fırka fırka ayıranlar var ya senin onlarla hiçbir ilişkin yoktur." (el-En'am, 6/159)

"O dini dosdoğru tutun, onda ayrılığa düşmeyin diye dinden Nuh'a tavsiye ettiği, sana vahyettiğimizi İbrahim, Musa ve İsa'ya tavsiye ettiğimizi size de şeriat yaptı." (eş-Şura, 42/13)

Bu âyet-i kerimelerle yüce Allah ayrılığı yasaklamakta ve ferd, toplum ve bütünüyle ümmet hakkındaki vahiy sonuçlarını açıklamaktadır.

Sünnetten bu büyük esasa delil teşkil eden buyruklara gelince, Rasûlullah *sallallahü aleyhi vesellem* şöyle buyurmuştur:

"*Müslüman, müslümanın kardeşidir. Ona zulmetmez, onu yardımsız bırakmaz, onu küçümsemez. -Göğsüne işaret buyurarak- takva buradadır, takva buradadır. Kişiye kötülük olarak müslüman kardeşini küçümsemesi yeter. Müslümanın tümü, müslümana haramdır: Kanı, namusu (şeref ve haysiyeti) ve malı.*"[29]

Bir rivayette de şöyle buyurmaktadır:

"*Birbirinizi kıskanmayınız, birbirinize buğzetmeyiniz, birbirinizin kötülüklerini araştırmayınız, gizliliklerini kurcalamayınız, birbirinizin alışverişini (kardeşinizin aleyhine olmak üzere) kızıştırmayınız. Ey Allah'ın kulları kardeş olunuz.*"

Bir rivayette de şöyle buyurulmaktadır:

"*Birbirinizle ilişkiyi kesmeyiniz, birbirinize sırt çevirmeyiniz, birbirinize buğzetmeyiniz, birbirinizi kıskanmayınız. Allah'ın kardeş kulları olunuz.*"[30]

Yine Peygamber *sallallahü aleyhi vesellem* şöyle buyurmaktadır:

"*Müminin, mümine karşı durumu bir binanın yapı taşları gibidir. Biri diğerinin gücünü pekiştirir.*"[31]

Peygamber *sallallahü aleyhi vesellem* Ebû Eyyub *radıyallahu anh.*'a şöyle buyurmuştur:

"Sana bir ticaret göstereyim mi?" O:

"Göster ey Allah'ın Rasûlü" deyince, şöyle buyurdu:

"İnsanlar arası ilişkiler bozulduğunda sen onların arasındaki ilişkileri düzeltmeye koşarsın, birbirlerinden uzaklaştıklarında onları biribirlerine yakınlaştırmaya gayret edersin."[32]

Peygamber *sallallahü aleyhi vesellem*'in müminlere biribirlerini sevmeyi, birbirleri ile kaynaşmayı, birinin diğerine iyilik istemeyi, iyilik ve takva üzere dayanışmayı bunları pekiştirecek ve geliştirecek yolları emretmenin karşılığında müslümanların ayrılıklarını ve birbirlerinden uzaklaşmalarını gerektirecek şeyleri de yasaklamış bulunmaktadır. Çünkü ayrılıp, kin duymanın neticesinde pek büyük kötülükler ortaya çıkar. Ayrılık cin ve insan şeytanlarının gözbebeğidir. Çünkü insan ve cin şeytanları müslümanların bir görüş etrafında bir araya gelmelerini istemezler. Onlar dağılmalarını isterler, çünkü onlar ayrılığın emirlere bağlılık ve yüce Allah'a yönelmekle ortaya çıkan gücü parçalayıcı olduğunu iyi bilirler.

Bundan dolayı Peygamber *sallallahü aleyhi vesellem* söz ve davranışlarıyla kaynaşmaya ve karşılıklı sevgiye teşvik etmiş, buna karşılık sözbirliğini parçalayan, gücü ortadan kaldıran ayrılık ve ihtilafları yasaklamıştır.

Ashab-ı kiramın uygulamalarına gelince, onlar arasında birtakım ayrılıklar baş göstermiştir. Fakat bu ayrılıklardan dolayı tefrika, düşmanlık ve kin ortaya çıkmamıştır. Rasûlullah *sallallahü aleyhi vesellem* aralarında iken Rasûlullahın döneminde bile aralarında birtakım görüş ayrılıkları ortaya çıkmıştır. Mesela Peygamber *sallallahü aleyhi vesellem* Ahzab gazvesinden sonra Cebrail gelip, kendisine antlaşmalarını bozdukları için Kureyza oğulları üzerine yürümesini emredince, ashabına şöyle demişti: "*Sizden hiçbir kimse Kureyza oğulları yurduna varmadan ikindi namazını kılmasın.*" diye buyurmuştur.[33] Onlar Medine'den Kureyza oğulları yurduna gitmek üzere çıktılar. İkindi namazı vakti geldi. Kimisi: Biz ancak Kureyza oğulları diyarında namazımızı kılarız, isterse güneş batsın dedi. Çünkü Peygamber *sallallahü aleyhi vesellem* şöyle buyurmuştur: "*Sizden hiçbir kimse Kureyza oğulları yurduna varmadan ikindi namazını kılmasın.*" İşte biz de dinledik ve itaat ettik diyoruz.

Kimileri de şöyle demişti: Biz vaktinde namazımızı kılarız. Çünkü Rasûlullah *sallallahü aleyhi vesellem* bu sözleriyle yola çabukça koyulmayı kastetmiştir. Namazımızı geciktirmeyi istemiş değildir. Bu husus Peygamber *sallallahü aleyhi vesellem*'a ulaşınca, onlardan hiçbir kimseyi azarlamadı ve anlayışı dolayısıyla kimseye sitem etmedi. Bizzat kendileri de Rasûlullah *sallallahü aleyhi vesellem*'ın hadisini anlamak hususundaki bu görüş ayrılıkları dolayısıyla dağılmadılar, tefrikaya düşmediler.

Selef-i salihin uygulamalarına gelince: Ehl-i sünnet ve'l-cemaatin ihtilaflı meselelere dair benimsediği esaslardan birisi de şudur: Eğer bu görüş ayrılıkları içtihaddan dolayı sözkonusu ise ve bu içtihadın mümkün olabildiği hususlardan ise bu ayrılık sebebiyle biribirlerini mazur görürlerdi. Bundan dolayı biri diğerine kin, düşmanlık beslemez, ondan nefret etmezdi. Aksine kardeş olduklarına inanırdı, isterse aralarında böyle bir

---

[29] Buhari, İkrah, Yeminu'r-raculi li sahibihi...; Müslim, el-Birr ve's-sıla, Bab-u tahrimi'z-zull.

[30] Buhari, Edeb, Bab-u ma yunha ani't-tahasudi ve't-tedabur; Muslim, el-Birr ve's-sıla, Bab-u tahrimi't-tahasudi ve't-tebağut.

[31] Buhari, Edeb, Bab-u teavuni'l-mu'miniyne ba'duhum ba'da; Müslim, el-Birru ve's-sıla, Bab-u terahumi'l-mu'miniyne ve taatufihim.

[32] el-Heysemi, Mecmau'z-Zevaid, VIII, 80.

[33] Buhari, Havf, Bab-u salati't-talibi ve'l-matlubi rakiben ve imaen; Muslim, el-Cihadu ve's-siyer, Babu'l-mübadereti bi'l-ğazvi.

ayrılık ortada olsun. Hatta onlardan herhangi bir kimse kendi görüşüne göre abdestsiz olduğunu kabul ettiği kimse arasında eğer imam abdestli olduğu kanaatinde ise namaz kılardı. Mesela deve eti yemiş bir kimse arkasında namaz kılanları olurdu. İmam deve eti yemenin abdesti bozmadığı kanaatinde iken onun arkasında namaza duran ise deve eti yemenin abdesti bozduğu kanaatinde idi. Bununla beraber böyle bir imamın arkasında namazın sahih olduğu görüşünde idi. Halbuki böyle bir kimse tek başına namaz kılacak olsaydı, bu şekilde kılacağı namazının sahih olmayacağı kanaatine sahibti. Bütün bunun sebebi onların içtihadın mümkün olduğu alanlarda içtihaddan dolayı ortaya çıkan görüş ayrılıklarında gerçek anlamıyla bir ayrılık olmadığı kanaatini paylaşmaları idi. Zira farklı görüşlere sahib olan herbir kimse kendi kanaatine göre başkasını kabul etmesi caiz olmayan ve uyması icab eden bir delile uymaktadır. Onların kanaatlerine göre içtihad eden kardeşleri delile uyarak herhangi bir amelde kendilerine muhalefet ederse, gerçek anlamda ise kendilerine muvafakat ediyordu. Çünkü onlar nerede olursa olsun delile uymayı terketmiyorlardı. Kendisince delil kabul ettiği bir hususa uyarak kendilerine muhalefet edecek olursa, gerçekte o kendilerine muvafakat ediyor demekti. Zira böyle bir kimse kendilerinin davet ettiği ve hidayet yolu olarak gördükleri Allah'ın kitabının ve Rasûlünün sünnetinin hükmüne uygun hareket ediyordu.

Ayrılığın caiz olmadığı alanlara gelince, bu ashab ve tabiînin izlediği yola muhalif olan hususlardır. İnsanlardan sapıtanların saptığı ve ancak faziletli kabul edilen nesillerden sonra ayrılıkların ortaya çıktığı itikadi meseleler gibi. Yani bu hususlardaki görüş ayrılıkları ancak fazıletli oldukları kabul edilen nesillerden sonra yayılmıştır. Her ne kadar ashab döneminde bu ayrılıkların küçük bir kısmı mevcut idiyse de bu böyledir. Şunu bilmek gerekir ki bizler ashab nesli dediğimiz vakit bu ashabın tamamının vefatı ile sona eren zamanı kastetmiyoruz. Bununla kastettiğimiz bu neslin büyük çoğunluğunun bulunduğu zaman dilimini kastediyoruz. Nitekim Şeyhu'l-İslam İbn Teymiyye -Allah'ın rahmeti üzerine olsun- şöyle demektedir: "Bir asırda yaşayanların çoğunluğunun ölümü ile o asrın sona erdiğine hüküm verilir."

O halde fazıletli oldukları belirtilen nesiller sona erdiğinde onlardan sonra itikadi hususlarda yaygınlık arzeden görüş ayrılıkları bulunmamaktaydı. O halde ashab ve tabiînin izlediği yola muhalefet eden bir kimsenin bu muhalefeti onun aleyhinedir ve onun bu muhalefeti kabul edilemez.

Ashab-ı kiram döneminde görülen ve içtihadın çerçevesi içerisinde bulunan ayrılık noktalarına gelince, bu hususlarda görüş ayrılıklarının devam etmesi kaçınılmaz bir şeydir. Nitekim Peygamber *sallallahü aleyhi vesellem* şöyle buyurmuştur: *"Hakim hüküm verip de hükmünde içtihad eder ve isabet ederse, onun için iki ecir vardır. Şâyet içtihad edip, yanılırsa onun için bir ecir vardır."*[34] İşte ölçü budur.

O halde bütün müslümanların görevi tek bir ümmet olmaktır, dilleriyle, kılıçlarıyla birbirine girecek şekilde ayrılığa düşmemek, fırkalara bölünmemek, içtihadın mümkün olabildiği hallerdeki ayrılıklardan ötürü de birbirlerine düşmanlık etmemek, kin beslememektir. Çünkü onlar kendi anlayışlarına uygun olarak nasların gerektirdiği hususlarda birbirleriyle ayrılığa düşseler bile bu -Allah'a hamdolsun ki- müsamahası olan, genişlik bulunan bir husustur. Önemli olan kalblerin birbirleriyle kaynaşması ve sözbirliğidir. Şüphesiz ki müslümanların düşmanları müslümanların ayrılığa, tefrikaya düşmelerini isterler. Bunlar ister düşmanlıklarını açıkça ortaya koyan kimseler olsun, isterse de müslümanlara ve İslama dost gibi görünen ve gerçekte öyle olmayan düşmanlar olsun.

Üçüncü Esas: Yöneticilere İtaat

Bir araya gelmenin eksiksiz olması başımızda amir konumuna gelen kimselere dinleyip, itaat etmeyi de gerektirir. İsterse bu kimse Habeşli bir köle olsun. Allah bu hususu şeriatiyle ve kaderiyle, çeşitli açıklama yollarıyla oldukça yaygın ve yeterli bir şekilde açıklamış bulunmaktadır. Sonra bu esas ilim sahibi olduğunu iddia eden kimseler tarafından bilinmez bir hale geldi. Peki ya bununla nasıl amel edilecek?

Müellif şunu belirtmektedir: Emir sahiblerini dinleyip, onlara itaat etmek bir araya gelmenin tamamlayıcı bir unsurudur. Bu da onların verdikleri emirlere uymak, yasakladıklarını terketmekle olur, isterse başımıza gelen amir Habeşli bir köle olsun.

Müellifin: "Yüce Allah bunu... yeterli ve yaygın bir şekilde açıklamıştır..." sözlerini açıklamaya çalışalım:

Bu husus şer'î olarak yüce Allah'ın kitabı ve Rasûlünün sünnetinde gereği gibi açıklanmış bulunmaktadır. Buna yüce Allah'ın kitabında açıklık getiren buyruklardan bazıları:

"Ey iman edenler! Allah'a itaat edin, peygambere de itaat edin ve sizden olan emir sahiblerine de." (en-Nisa, 4/59)

"Allah'a ve Rasûlüne itaat edin. Birbirinizle çekişmeyin, sonra korkuya kapılırsınız, gücünüz gider. Bir de sabredin, şüphesiz Allah sabredenlerle beraberdir." (el-Enfal, 8/46)

"Hepiniz toptan Allah'ın ipine sarılın. Parçalanıp, ayrılmayın." (Al-i İmran, 3/103)

Bu hususun Rasûlullah *sallallahü aleyhi vesellem*'in sünnetinde açıklık kazandığı buyruklardan bazıları da şunlardır: Buhari ve Müslim'de yer alan Ubade b. es-Samit *radıyallahu anh.*'ın rivayet ettiği hadiste şöyle demektedir: Rasûlullah *sallallahü aleyhi vesellem* hoşunuza giden ve gitmeyen hallerde zorluk ve kolaylık

---

[34] Buhari, el-İ'tisamu bi'l-kitab-i ve's-sünne, Bab-u ecri'l-hakimi iz ectehe...; Müslim, el-Akdiye, Bab-u beyani ecri'l-hakimi iz ectehede...

halimizde ve başkaları bize tercih edilecek olsa dahi dinleyip, itaat etmek ve emir sahibi kimseler ile ayrılık çıkarmamak üzere beyatleştik. O şöyle buyurdu:
"Ancak elinizde ona dair Allah'tan gelmiş bir delil bulunan apaçık bir küfür görmeniz hali müstesnadır."[35]
Yine Peygamber *sallallahü aleyhi vesellem* şöyle buyurmuştur:
"Her kim emirinden (olumsuz) herhangi bir şey görürse, sabretsin. Çünkü şüphesiz ki cemaatten bir karış kadar dahi ayrılan ve bu haliyle ölen bir kimsenin ölümü cahiliye ölümüdür."[36]
Bir başka hadiste şöyle buyurmaktadır:
"Her kim itaatten el çekecek olursa, kıyamet gününde lehine herhangi bir delil bulunmaksızın Allah'ın huzuruna çıkar."[37]
Yine şöyle buyurmaktadır:
"Başınıza Habeşli bir köle emir tayin edilse dahi dinleyip itaat ediniz."[38]
Bir başka hadiste de şöyle buyurulmaktadır:
"Müslüman kişi -masiyet ile emrolunması hali müstesna- sevdiği ve hoşlanmadığı bütün hususlarda dinleyip, itaat etmekle yükümlüdür. Ona masiyeti gerektiren bir emir verilecek olursa, dinlemek de, itaat etmek de sözkonusu olmaz."[39]
Hadis Buhari ve Müslim tarafından rivayet edilmiştir.
Abdullah b. Ömer *radıyallahu anh.* dedi ki: Bir seferde Peygamber *sallallahü aleyhi vesellem* ile birlikte idik. Bir yerde konakladık. Rasûlullah *sallallahü aleyhi vesellem*'ın münadisi topluca namaza diye seslendi. Biz de Rasûlullah *sallallahü aleyhi vesellem*'ın huzurunda bir araya geldik şöyle buyurdu:
"Gerçek şu ki yüce Allah ne kadar peygamber göndermiş ise mutlaka o peygamberin ümmetine bilmiş olduğu hayırlı yolları onlara göstermesi ve kötü hususları da onlardan sakındırarak uyarması görevi olmuştur. Şüphesiz sizin bu ümmetinizin esenliği baş tarafında takdir edilmiştir. Sonradan gelecek olanlarına birtakım belalar ve sizin uygun göremeyeceğiniz bir takım işler isabet edecektir. Biri diğerini inceltecek (hafif gösterecek) fitneler gelecektir. Bir fitne gelecek mümin: İşte ben bununla helak olacağım diyecek, bir diğer fitne gelecek bu sefer: İşte bu, (işte bu beni helak edecek) diyecektir. Her kim ateşten uzaklaştırılıp, cennete girdirilmeyi arzu ederse Allah'a ve ahiret gününe iman ettiği halde ölümü gelip, onu bulsun. İnsanlara da kendisine yapılmasını arzuladığı şeyleri yapsın. Her kim bir imama bey'at edip, elini onun eline verir, kalbinin meyvesini (samimiyetle bey'at etmek suretiyle) ona verecek olursa, gücü yettiği takdirde ona itaat etsin. Bir başkası gelip, o imam ile çekişecek olursa, diğerinin boynunu vurunuz."[40]
Bu hadisi Müslim rivayet etmiştir.
Bu hususun kader ile de beyan edilmiş olmasına gelince: İslam ümmeti dinine sımsıkı sarılan, dini etrafında bir araya gelmiş, yöneticilerine gereken tazim ve saygıyı gösterip, onlara maruf olan hususlarda itaat ettikleri zamanlardaki durumu apaçık ortadadır. Bu halde iken İslam ümmeti yeryüzünde üstün ve lider konumunda idi. Nitekim yüce Allah şöyle buyurmaktadır:
"Allah içinizden iman edip, salih amel işleyenlere vaadetti ki: Onlardan öncekileri halife yaptığı gibi -andolsun ki- kendilerini de muhakkak yeryüzünde halife kılacak, kendileri için seçip beğendiği dinlerini onlar için iktidar yapacak, önceki korkularını güvene çevirecektir. Çünkü onlar bana hiçbir şeyi ortak koşmaksızın ibadet ederler." (en-Nur, 24/55)
"Allah kendi dinine yardım edene elbette yardım eder. Muhakkak Allah güçlüdür, azizdir. O kimselere eğer biz yeryüzünde bir iktidar imkanı verirsek, onlar namazlarını dosdoğru kılarlar, zekatı verirler, marufu emreder, münkerden alıkoyarlar. İşlerin akıbeti Allah'ındır." (el-Hac, 22/40-41)
Fakat İslam ümmeti olmadık işleri yapıp, dinlerini kısım kısım parçalayarak meşru yöneticilerine karşı dikbaşlılık edip, onlara karşı çıkmaya başlayınca fırkalara bölündüler, düşmanlarının kalblerinde onlara karşı var olan heybet kaldırıldı, onlar da birbirlerine düştüler, dağıldılar, güç ve kuvvetleri kayboldu. Diğer ümmetler onların üzerine çullanmak üzere birbirlerini çağırdılar ve İslam ümmeti selin üzerindeki çörçöpe dönüştü.
Bu asıl ilke ilim, Allah'ın dinine hamasetle bağlılık iddiasında bulunan çok kimse tarafından bilinmez oldu. Müslüman fertlerden herbirisi kendisini bir emir yahut emir ile mücadele eden bir emir konumunda gördü. O halde yöneten ya da yönetilenler olarak hepimizin görevi yüce Allah'ın bize farz kıldığı karşılıklı olarak sevmek ve iyilik ve takva üzere yardımlaşmak, kurtulanlardan olalım diye maslahatlarımız etrafında birleşmektir. Hak üzere birleşmeli, onun üzerinde yardımlaşmalıyız, bütün amellerimizi ihlasla yapmalı, tek bir hedefe koşmalıyız. Bu da bu ümmeti dini ve dünyevi olarak mümkün olduğu kadarıyla ıslaha götürmektir. Bunun gerçekleşmesi ise sözbirliğini sağlayıp, aramızdaki anlaşmazlıkları terketmedikçe mümkün değildir. Hiçbir hedef gerçekleştirmeyen karşı çıkışları terketmedikçe bu hedef gerçekleşemez. Hatta bunlar yapılmadıkça maksat da ortadan kalkar ve varlık olarak varsa bile yok olur.

---

[35] Buhari, Fiten, Bab-u kavli'n-nebiyyi: Seteravne ba'di umuren türkiruneha; Müslim, İmare, Bab-u vucubi taati'l-umerai fi gayri ma'siyetin.
[36] Buhari, Fiten, Bab-u kavli'n-nebiyyi (s.a): "Seteravne ba'di..."; Müslim, İmare, Bab-u vucubi mülazemeti cemaati'l-müslimin...
[37] Müslim, İmare, Bab-u vucubi mülazemeti cemaati'l-müslimin...
[38] Buhari, Ahkam, Babu's-Sem'i ve't-taati li'l-imam...
[39] Buhari, Ahkam, Babu's-Sem'i ve't-taati li'l-imami ma lem tekun masiye; Müslim, İmare, Bab-u vucubi taati'l-umerai fi gayri ma'siyetin.
[40] Müslim, İmare, Bab-u vucubi'l-vefa-i li bey'ati'l-hulefai el evveli fe'l-evveli.

Sözbirliği dağılacak olup, yönetilenler dik başlılık ettikleri takdirde hevalar ve kinler devreye girer, herkes kendi sözünün gerçekleşmesi için çalışır. İsterse hak ve adaletin başka yerde olduğu açıkça ortaya çıkmış olsun. Böylelikle bizler yüce Allah'ın şu buyruklarındaki direktiflerininde dışına çıkmış oluyoruz:

"Ey iman edenler! Allah'tan nasıl korkmak gerekirse, öyle korkun ve siz ancak müslümanlar olarak ölün. Hepiniz toptan Allah'ın ipine sarılın, parçalanıp, ayrılmayın. Allah'ın üzerinizdeki nimetini de hatırlayın: Hani siz düşmanlar idiniz de o kalblerinizi birleştirmiş, siz de onun nimetiyle kardeş olmuştunuz ve yine siz ateşten bir çukurun kenarında iken oradan da sizi o kurtardı. İşte Allah hidayet bulasınız diye size âyetlerini böylece apaçık bildiriyor." (Al-i İmran, 3/102-103)

Her birimiz hak ve görevlerini bilip, hikmete uygun bir şekilde gereklerini yerine getirecek olursa, şüphesiz ki genel ve özel işler de en güzel ve mükemmel bir düzen üzere yürümeye devam eder.

Dördüncü Esas: İlim ve Alimler, Fıkıh ve Fakihler

Dördüncü olarak ilim, alimler, fıkıh ve fakihler ile onlardan olmadığı halde bunlara benzemeye çalışan kimselere dair açıklamaları ihtiva eder. Yüce Allah bu esası Bakara suresinin baş taraflarında: *"Ey İsrailoğulları! Size verdiğim nimetimi hatırlayın ve ahdimi yerine getirin. Ben de ahdinizi yerine getireyim."* (el-Bakara, 2/40) buyruğundan itibaren; *"Ey İsrailoğulları! Size verdiğim nimetlerimi ve sizi alemler üzerine gerçekten üstün kıldığımı hatırlayın."* (el-Bakara, 2/47) buyruğuna kadar olan âyet-i kerimelerde bu esası açıklamış bulunmaktadır. Avamdan anlayışı kıt olan kimseler için dahi çok açık ve seçik bir şekilde sünnet-i seniyede yer alan apaçık bir çok ifadeler de bu hususa daha bir açıklık getirmektedir. Ancak daha sonraları bu en garib (en az bilinen) şey olmuştur. Artık ilim ve fıkıh diye bid'at ve delaletlerin kendisi bilinir olmuştur. Bunların elinde bulunan en hayırlı şeyler ise hakkı batıla karıştırmaktır. Yüce Allah'ın insanlara farz kıldığı ve övdüğü ilim ise ancak zındıkların yahut delilerin ağzını açıp söyledikleri şey halini almıştır. Onu inkar eden, ona düşmanlık eden, ondan sakındırmaya ve alıkoymaya dair eser yazan kimseler ise bizzat alim ve fakih kimseler olmuştur.

Burada ilimden kasıt şer'î ilimdir. Şer'î ilim de yüce Allah'ın Rasûlüne indirmiş olduğu apaçık deliller ve hidayettir. Övgü ve övücü ifadelerin hakkında sözkonusu edildiği ilim ise şeriat ilmi olan Allah'ın Rasûlüne indirmiş olduğu kitab ve hikmetin bilgisi demek olan ilimdir. Yüce Allah şöyle buyurmaktadır:

"De ki hiç bilenlerle, bilmeyenler bir olur mu? Ancak özlü akıl sahibleri öğüt alır." (ez-Zümer, 39/9)

Peygamber *sallallahü aleyhi vesellem* de şöyle buyurmuştur:

"Allah kimin hakkında hayır dilerse, onu dinde derin bir bilgi sahibi kılar."[41]

Yine Peygamber *sallallahü aleyhi vesellem* şöyle buyurmuştur:

"Peygamberler ne bir dinar, ne de bir dirhem miras bırakmışlardır. Onlar ancak ilmi miras bırakmışlardır. Kim onu alırsa, o pek büyük bir pay almış olur."[42]

Bilindiği gibi peygamberlerin miras bıraktığı şey ancak şeriat ilmidir. Bununla birlikte bizler diğer ilimlerin bir faydasının olacağını inkar ediyor değiliz. Şu kadar var ki bu fayda iki tarafı da keskin bir bıçak gibidir. Eğer yüce Allah'a, Allah'ın dininin zafere ulaşmasına yardımcı olur, Allah'ın kulları da bunlardan istifade ederse, elbetteki bu bir hayır ve bir maslahat olur. Bazı ilim ehli birtakım sanayilerin öğrenilmesinin farz-ı kifaye olduğunu belirtmişlerdir. Ancak bu üzerinde düşünülecek ve tartışılacak bir konudur.

Durum her ne olursa olsun hakkında ve onu öğrenmek isteyenler için övgünün sözkonusu olduğu ilim Allah'ın kitabının ve Rasûlünün sünnetinin fıkhedilmesi ilmidir. Bunun dışındaki bilgiler ise eğer hayra bir araç olursa hayırdır, şâyet şerre araç olursa şerdir. Ne buna, ne ötekine araç değilse o takdirde bu bir zaman kaybetmek ve boş bir iştir.

İlmin Faziletleri

İlmin pekçok faziletleri vardır. Bunların bazılarını şöylece sıralayabiliriz:

1- Allah ilim ehlini ahirette de, dünyada da yükseltir. Ahirette yüce Allah ilim ehlini yüce Allah'ın yoluna yaptıkları davet ve bildikleri gereğince amel etmeleri oranında derecelerle yükseltir. Dünyada da onları yerine getirdikleri ve gerçekleştirdikleri işlere göre kulları arasında yükseltir. Yüce Allah şöyle buyurmaktadır:

"Allah sizden iman edenleri ve (özellikle) kendilerine ilim verilenleri dereceler ile yükseltir." (el-Mücadele, 58/11)

2- İlim, Peygamber *sallallahü aleyhi vesellem*'in şu buyruğunda olduğu gibi bıraktığı mirastır:

"Peygamberler ne bir dinar, ne de bir dirhem miras bırakmışlardır. Onlar ancak ilmi miras bırakmışlardır. Her kim onu alırsa pek büyük bir pay almış olur."[43]

---

[41] Buhari, İlm, Bab-u men yuridillahu bihi hayran; Müslim, Zekat, Babu'n-nehyi ani'l-mes'ele.

[42] Ahmed, Müsned, V, 196; Ebu Davud, İlm, Babu'l-Hassi ala talebi'l-ilm; Tirmizi, İlm, Bab-u ma cae fi fadli'l-fıkhi ale'l-ibade; İbn Mace, Mukaddime, Bab-u fadli'l-ulemai...; Darımî, Mukaddime, Bab-u fadli'l-ilmi ve'l-alim; Beğavi, Şerhu's-Sünne, I, 275, no: 129; İbn Hibban, Sahih, no: 88; el-Heysemi, Mevaridu'z-zam'an, I, 177, no: 80; Buhari, et-Tarihu'l-Kebir, VIII, 337; Hafız İbn Hacer, Fethu'l-Bari, I, 160'da: "Bu hadisin kendileriyle kuvvet kazandığı başka tanıkları da vardır" demektedir.

[43] Bir önceki nota bakınız.

3- Ölümünden sonra insanın faydasına geriye kalacak olan şeylerdendir. Hadis-i şerifte Peygamber *sallallahü aleyhi vesellem*'in şöyle buyurduğu sabittir:
"Kul öldü mü artık ameli şu üç şey müstesna kesilir: Cari bir sadaka yahut kendisiyle yararlanılan bir ilim yahutta kendisine dua edecek salih bir evlat."[44]
4- Rasûlullah *sallallahü aleyhi vesellem* iki nimet dışında hiç bir kimseye sahib olduğu nimetler dolayısı ile gıbta etmesini teşvik etmiş değildir. Söz konusu bu iki nimet:
a- İlim taleb etmek ve gereğince amel etmek.
b- Malını İslama hizmet yolunda kullanan zengin.
Abdullah b. Mesud *radıyallahu anh.*'dan rivayete göre Rasûlullah *sallallahü aleyhi vesellem* şöyle buyurmuştur:
"İki şey dışında kıskançlık (gıbta) olmaz. (Bunlardan birisi) yüce Allah'ın kendisine mal verdiği ve o malını hak yolunda tüketmeye musallat kıldığı kimse ile yüce Allah'ın kendisine hikmet (ilim) öğrettiği ve gereğince hüküm verip, onu öğreten kimse."[45]
5- İlim kulun kendisi ile önünü aydınlattığı bir nurdur. Onunla Rabbine nasıl ibadet edeceğini, başkalarına nasıl davranacağını öğrenir. Böylelikle o bu hususlarda ilim ve basiret üzere yol almış olur.
6- Alim insanların kendisi vasıtası ile din ve dünya işlerinde doğru yolu buldukları bir nurdur. İsrailoğullarından 99 kişi öldürüp te abid bir kimseye tevbesi kabul olur mu diye soru sorması ile ilgili kıssa çoğu kimsenin bildiği bir husustur. Abid kişi bu işi büyük bir hadise olarak görmüş olduğundan olmalı ki: "Hayır" demişti. Bunun üzerine soru soran kişi onu öldürmüş ve böylelikle öldürdüğü şahısları yüze tamamlamıştı. Daha sonra bir ilim adamına gitmiş, ona durumu sormuş, bu ilim adamı ise kendisine tevbe etmesinin mümkün olduğunu, tevbe ettiği takdirde tevbesinin kabulünü hiçbir şeyin engellemeyeceğini bildirmişti. Daha sonra ona ahalisi salih olan bir beldeyi söyleyerek oraya gitmesini söylemişti. O şehire gitmek üzere ayrılıp, gidince yolda ölmüştü. Bu kıssa bilinen bir kıssadır.[46] Şimdi alim ile cahil arasındaki farkı açıkça görebiliriz.
Bu hususlar açıklık kazandığına göre o halde insanları Rablerinin şeriati üzere terbiye eden rabbani ve gerçek ilim adamlarının kim olduklarının bilinmesi de kaçınılmaz bir şeydir ta ki bu rabbani ilim adamları ile onlardan olmadıkları halde onlara benzemeye çalışanlar birbirlerinden ayırdedilebilsinler. Çünkü bu gibi kimseler görünüş ve dış halleriyle, söz ve fiilleriyle onlara benzemeye çalışırlar. Gerçekte ise insanlara karşı samimi öğüt vermek ve hakkı istemek bakımından onlardan değildirler. Bu gibi kimselerin elindeki en iyi sermaye hakkı batıla karıştırması ve susuzun su zannettiği fakat yanına geldiği vakit hiçbir şey olmadığını anladığı süslü püslü ibareler ile bunu insanlara sunarlar. Hatta bunların insanlara sundukları bazı kimselerin ilim ve fıkıh diye zannettikleri bunun dışındaki ifadeleri ise ancak zındık yahutta deli kimselerin sözkonusu edebilecekleri birtakım bid'atler ve sapıklıkları dile getirirler.
İşte müellifin sözlerinin anlamı budur: Sanki o bu sözleriyle ehl-i sünnete insanları ehl-i sünnet alimlerinden bilgi edinmelerini engellemek maksadıyla hiç de kendileriyle ilişkisi bulunmayan ifadelerle dil uzatıp, onları ayıplayan saptırıcı bid'at ehlinin ileri gelenlerine işaret ediyor gibidir. Bunların dile getirdikleri ise kendilerinden önce azgınlık edip, haddi aşan kimselerin, peygamberleri yalanlayanların mirasıdır. Nitekim yüce Allah şöyle buyurmaktadır:
"Onlardan öncekilere gelen peygamberlerin herbirine de mutlaka böylece sihirbaz veya deli derlerdi. Acaba bunu birbirlerine tavsiye mi ettiler? Hayır onlar azmış bir kavim idiler." (ez-Zariyat, 51/52-53)

---

[44] Müslim, Vasiyye, Bab-u ma yelhaku'l-insane mine's-sevabi ba'de vefatihi.
[45] Buhari, İlm, Babu'l-iğtibati fi'l-ilmi ve'l-hikmeti; Müslim, Salatu'l-Musafiriyn, Bab-u men yekumu bi'l-Kur'ân-i ve yuallimuhu.
[46] Olay ile ilgili rivayet şöyledir: Ebu Said Sad b. Malik b. Sinan el-Hudri *radıyallahu anh*'dan rivayete göre Rasûlullah *sallahu aleyhi vesellem* buyurdu ki:
"Sizden öncekiler arasında doksandokuz kişi öldürmüş birisi vardı. Yeryüzünün en alimi kimdir? diye sordu. Ona bir rahib gösterildi. Onun yanına gidip dedi ki: Ben doksandokuz kişi öldürdüm. Tevbe etmem mümkün mü? Rahib: Hayır, dedi. Bu sefer onu öldürdü ve böylelikle öldürdüklerinin sayısını yüze tamamladı. Sonra yine yeryüzünün en bilgili kişisi kimdir? diye sordu. Ona alim bir kişi gösterildi ve (gidip) ona dedi ki: Ben yüz kişi öldürdüm, tevbe etmem mümkün olur mu? Alim: Tabi, dedi. Seninle tevben arasına kim girebilir. Sen şu şu nitelikteki yere git, orada yüce Allah'a ibadet eden insanlar var sen de onlarla birlikte Allah'a ibadet et. Eski topraklarına da bir daha geri dönme, çünkü orası kötü bir diyardır. Bunun üzerine yola koyuldu. Yolun yarısına vardığında eceli geldi. Rahmet melekleri ile azab melekleri onun hakkında tartışmaya koyuldular. Rahmet melekleri: Bu kişi kalbinden tevbe ile yüce Allah'a yönelerek geldi. Azab melekleri ise: Bu kişi hiçbir hayır işlemedi dediler. Bu sefer bir insan suretinde onlara melek geldi. Onu kendi aralarında hakem tayin ettiler. O da kendilerine: Her iki yerin arasını ölçünüz. Hangisine daha yakın olursa, o zaman o kimseyi o kişiler alsın dedi. Yerleri ölçtüler, gitmek istediği yere daha yakın olduğu görüldü. Bunun üzerine rahmet melekleri onu aldılar."
Buhari'nin sahih'inde yer alan rivayette de şöyle denilmektedir:
"Allah'a yemin olsun ki salih insanların yaşadığı kasabaya bir karış daha yakın idi. O bakımdan oranın ahalisinden sayıldı."
Yine bir diğer sahih rivayette şöyle denilmektedir:
"Yüce Allah buraya sen uzaklaş, öbür yere de sen de yakınlaş diye vahyetti. Bunun üzerine hakem dedi ki: Her ikisi arasındaki mesafeyi ölçünüz. Böylelikle onun öbürüne (gideceği yere) bir karış daha yakın olduğunu gördüler. Yüce Allah da ona mağfiret buyurdu."
Bir rivayette de:
"Göğsüyle o (gideceği) yere doğru yaklaşmaya çalışmıştı."
Bu hadisi: Buhari, Enbiya, Bab-u ma zukire an beni İsrail; Müslim, Tevbe, Bab-u Kabili Tevbeti'l-Katil, 46, 47, 48 nolu hadisler; Daha geniş bilgi elde etmek için bk. değerli hocamızın bu hadise dair "Şerhu Riyazi's-Salihin" I, 21 nolu hadise dair açıklamaları.

Beşinci Esas: Yüce Allah'ın Gerçek Dostları ve Onlara Benzemeye Çalışan Allah Düşmanları

Yüce Allah gerçek dostlarının kim olduklarını açıkladığı gibi kendileri ile onlara benzemeye çalışan münafık ve günahkâr olan Allah düşmanlarını da birbirinden ayırdetmiştir. Bu hususta şu âyet-i kerimeler yeterli açıklamaları ortaya koymaktadır:

"De ki Eğer Allah'ı seviyorsanız bana uyun ki Allah da sizi sevsin." (Âl-i İmran, 3/31)

"Ey iman edenler! İçinizden kim dininden dönerse... kendisinin onları seveceği, onların da kendisini seveceği bir topluluk getirir..." (el-Mâide, 5/54)

"Haberiniz olsun ki Allah'ın velilerine hiçbir korku yoktur. Onlar kederlenecek de değillerdir. Onlar iman edip, takvalı davrananlardır." (Yunus, 10/62-63)

Bundan sonra ise ilim sahibi olduğunu, insanları hidayete ileten ve şeriati koruyanlardan olduğunu iddia eden kişilerin büyük çoğunluğu evliya olan kimselerin rasûllere uymayı terketmelerinin kaçınılmaz olduğunu, rasûllere uyan kimselerin ise evliyadan olamayacağını, cihadı terketmenin kaçınılmaz olduğunu, kim cihad ederse onlardan olamayacağını, imanı ve takvayı terketmenin kaçınılmaz olduğunu, kim iman ve takvayı sürekli gözönünde bulunduracak olursa onlardan olamayacağını ileri sürecek hale geldiler.

Rabbimiz biz senden affını ve esenliğini dileriz. Şüphesiz ki sen duaları işitensin.

Yüce Allah'ın velileri (gerçek dostları) ona iman eden, ondan sakınan, dini üzere dosdoğru yürüyen kimselerdir. Onlar yüce Allah'ın: *"Haberiniz olsun ki Allah'ın velilerine hiçbir korku yoktur. Onlar kederlenecek de değillerdir. Onlar iman edip, takvalı davrananlardır."* (Yunus, 10/62-63) buyruğu ile nitelendirdiği kimselerdir. Dolayısıyla Allah'ın velisi (dostu) olduğunu ileri süren herkes veli demek değildir. Aksi takdirde Allah'ın veliliğini herkes iddia edebilirdi. Fakat velilik iddiasında bulunan herkes ameli ile bu iddiası ölçülür. Eğer onun yaptığı ameller iman ve takva esasına dayanıyor ise o kimse bir velidir. Aksi takdirde veli değildir. Böyle bir kimsenin velilik iddiasında bulunması kendisini temize çıkarması demektir. Bu da yüce Allah'a karşı takvalı olmaya (O'ndan korkup, sakınmaya) aykırıdır, çünkü yüce Allah şöyle buyurmaktadır:

"Artık kendinizi temize çıkarmayın. O kimin takvalı davrandığını en iyi bilendir." (en-Necm, 53/32)

Bir kimse kendisinin Allah'ın velilerinden olduğu iddiasında bulunacak olursa, kendisini temize çıkarmaya çalışmış demek olur. O vakitte bu kişi Allah'a isyana ve Allah'ın kendisine yasakladığı şeyin içine düşmüş olur, bu da takvaya aykırıdır. Allah'ın gerçek dostları, velileri böyle bir tanıklıkta bulunarak kendilerini temize çıkarmaya çalışmazlar. Onlar Allah'a iman ederler, O'ndan korkarlar, sakınırlar. O'na en mükemmel şekliyle itaatin gereklerini yerine getirirler. İnsanları Allah'ın yolundan saptırsınlar diye böyle bir iddia ile kandırmazlar, aldatmazlar. Kimi zamanlar kendilerinin seyyid, kimi zaman evliya olduğunu iddia eden bu gibi kimselerin insan gerçek hallerini dikkatle inceleyecek olursa, velilikten, seyyidlikten en uzak bir yerde olduklarını göreceklerdir. O bakımdan müslüman kardeşlerime öğüdüm şu ki: Velilik iddiasında bulunan kimselerin hallerini yüce Allah'ın dostlarının niteliklerine dair naslarda varid olmuş buyruklar ile kıyaslamadıkça o kimselere aldanmasınlar.

Müellif Allah'ı sevmek ve Allah'ın veliliğinin alametlerine kaydettiği âyet-i kerimelerle işaret etmiş bulunmaktadır:

Kaydettiği ilk âyet-i kerime Al-i İmran Suresinde yer alan: *"De ki: Eğer Allah'ı seviyorsanız, bana uyunuz ki Allah da sizi sevsin."* (Al-i İmran, 3/31) âyetidir. Bu âyet-i kerime mihnet yani imtihan âyeti diye adlandırılır. Çünkü bazıları yüce Allah'ı sevdiklerini iddia etmişlerdi. Bunun üzerine yüce Allah da bu âyet-i kerimeyi indirmişti. Kim Allah'ı sevdiğini ileri sürecek olursa, biz de onun ameline bakarız. Eğer o Rasûlullah *sallallahü aleyhi vesellem*'a uyan bir kimse ise doğru sözlü bir kimsedir, aksi takdirde o kişi bir yalancıdır.

İkinci âyet-i kerime ise yüce Allah'ın el-Maide Suresinde yer alan şu buyruğudur:

"Ey iman edenler! İçinizden kim dininden dönerse, Allah... kendisinin onları seveceği, onların da kendisini seveceği bir topluluk getirir..." (el-Maide, 5/54)

Bu iki âyet-i kerime ile yüce Allah gerçek dostlarını birtakım nitelikler ile sözkonusu etmektedir ki bunlar da Allah'ı sevmenin belirtileri ve sonuçlarıdır:

1- Bu gibi kimseler müminlere karşı alçak gönüllüdürler, onlarla savaşmazlar. Karşılarında durmazlar ve hiçbir şekilde onlarla çatışmazlar.

2- Kâfirlere karşı onurlu ve şiddetlidirler. Yani onlara karşı güçlüdürler, onları yenik düşürürler.

3- Allah yolunda cihad ederler yani Allah'ın adı en yüksek olsun diye Allah düşmanları ile savaşmak uğrunda bütün gayretlerini, imkanlarını ortaya koyarlar.

4- Allah yolunda kınayan kimsenin kınamasından çekinmezler. Yani Allah dininin gereklerini yerine getirdiklerinden ötürü herhangi bir kimse onları kınayacak olursa, onun bu kınamasından korkmazlar. Bu da onların Allah'ın dininin gereklerini yerine getirmelerine engel olmaz.

Üçüncü âyet-i kerime Yunus suresinde yer alan şu âyet-i kerimedir:

"Haberiniz olsun ki Allah'ın velilerine hiçbir korku yoktur. Onlar kederlenecek de değillerdir. Onlar iman edip, takvalı davrananlardır." (Yunus, 10/62-63)

Yüce Allah, Allah dostlarının bu iki niteliğe sahib kimseler olduklarını açıklamaktadır: İman ve takva. İman kalbtedir, takva yüce bedenin azaları ile ortaya çıkar. Bu iki niteliğe sahib olmadığı halde Allah dostu (velisi, evliyası) olduğunu ileri süren bir kimse yalancıdır.

Daha sonra müellif artık işin ilim sahibi olduğunu, insanları hidayete ileten şeriatı muhafaza eden kimselerden olduğunu ileri sürenlerin çoğunun nezdinde işin tam aksi bir hal aldığını açıklamaktadır. Böyle bir kimseye göre veli peygamberlere uymayan, Allah yolunda cihad etmeyen, O'na iman etmeyen, O'ndan sakınmayan kimsedir.
Burada Şeyhu'l-İslam İbn Teymiyye'nin "el-Farku Beyne Evliyai'r-Rahman ve Evliyai'ş-Şeytan"[47] adlı risalesinde yazdıklarını aktarmak ve mümkün olan bölümlerini burada iktibas etmek yerinde olacaktır. Müellif şunları söylemektedir:
"Şanı yüce Allah kitabında ve Rasûlü de sünnetinde Allah'ın insanlar arasından birtakım velilerinin (dostlarının) şeytanın da birtakım dostlarının bulunduğunu açıklamış bulunmaktadır. Rahmanın dostları ile şeytanın dostları arasında fark olduğunu belirterek yüce Allah şöyle buyurmaktadır:
"Haberiniz olsun ki Allah'ın velilerine hiçbir korku yoktur. Onlar kederlenecek de değillerdir. Onlar iman edip, takvalı davrananlardır. Onlar için dünya hayatında da, ahirette de müjde vardır. Allah'ın sözlerinde asla değişiklik olmaz. İşte bu en büyük kurtuluşun ta kendisidir." (Yunus, 10/62-64)
Yine yüce Allah şeytan dostlarını da sözkonusu ederek şöyle buyurmaktadır:
"Kur'ân'ı okuyacağın zaman o kovulmuş şeytandan Allah'a sığın. Doğrusu iman edip, yalnız Rablerine tevekkül edenler üzerinde onun hiçbir hakimiyeti yoktur. Onun hakimiyeti ancak kendisini dost edinip de onu Allah'a ortak koşanlar üzerinedir." (en-Nahl, 16/98-100)
O halde Allah ve Rasûlü nasıl her ikisi arasında fark gözetmiş ise bu iki kesimin arasında da gerekli farkın gözetilmesi gerekir. Allah'ın dostları mümin ve takva sahibi olan kimselerdir... Onlar, O'na iman eden, O'nu dost bilen, O'nun sevdiğini seven, nefret ettiği şeylere nefret eden, O'nun razı olduğu şeylerden hoşnut olan, O'nun gazablandığı şeylere gazablanan, O'nun emrettiğini emreden, yasakladığını yasak bilen ve yasaklayan, verilmesini sevdiği hususları veren, engellenmesini alıkonulmasını sevdiği şeyleri de engelleyip, alıkoyan kimselerdir... O halde ona (peygambere) ve onun getirdiklerine iman eden, zahiren ve batınen O'na uyan kimselerin dışında hiçbir kimse Allah'ın velisi olamaz. Allah'ın sevdiğini, Allah'ın velisi olduğunu iddia etmekle birlikte, ona yani Rasûle tabi olmayan bir kimse Allah'ın dostlarından değildir. Aksine kim ona muhalefet ederse, o Allah düşmanlarından, şeytanın dostlarından olur. Yüce Allah şöyle buyurmaktadır:
"De ki: Eğer Allah'ı seviyorsanız, bana uyun ki Allah da sizi sevsin." (Al-i İmran, 3/31)
İnsanlar iman ve takva bakımından üstünlüklerine göre Allah'ın velisi olmak bakımından da birbirlerinden üstündürler. Aynı şekilde küfür ve nifaktaki ileriliklerine göre de Allah'ın düşmanlıkları bakımından biri diğerinden ileridirler...
Allah'ın dostları iki tabakadır: Sabikun (ileri geçenler) ve mukarrebun (yakınlaştırılmış olanlar) ashab-ı yemin ise orta halli olanlarıdır. Yüce Allah onları kitab-ı azizinin birkaç yerinde sözkonusu etmiştir. el-Vâkıa suresinin başında ve sonunda, el-İnsan suresinde, el-Mutaffifîn ve Fâtır surelerinde... Cennette biri diğerinden çok büyük çapta üstün dereceler halindedir. Allah'ın mümin ve takva sahibi dostları ise bu derecelerde iman ve takvalarına göre yer alacaklardır.
Yüce Allah'a yakınlaşmayan, iyilikleri işleyip, kötülükleri terketmeyen bir kimse hiçbir zaman Allah'ın dostlarından olamaz... Bilhassa bu husustaki delili kendisinden işitilen bir mükaşefe yahutta bir tür tasarruftan ibaret olan kimselerin kendilerinin Allah'ın velisi olduklarına inanmaları hiç kimse için caiz olamaz... Bir kimsenin Allah'ın velisi olduğuna dair sadece bunları delil diye sürmesi caiz değildir. İsterse o kimsenin Allah'ın velisi olduğunu çürütecek herhangi bir hali bilinmemiş olsun. Hele onun Allah'ın velisi olmakla çelişecek bir hali bulunursa, durum ne olur? Mesela böyle bir kimsenin zahiren ve batınen peygambere tabi olmanın farziyetine iman etmiyorsa, aksine kendisinin batını hakikat bir tarafa, zahiri şeriata uyduğuna inanıyorsa yahutta Allah'ın veli kulları için peygamberlerin getirdiği yolun dışında özel bir yollarının olduğuna inanıyor ise... Buna göre her kim veli olduğunu ortaya koymakla birlikte farzları eda etmiyor, haramlardan uzak durmuyorsa, aksine bazan bunlarla çelişecek işler yapıyor ise hiçbir kimsenin böyle birisi hakkında bu Allah'ın velisidir demek hakkı yoktur... Allah'ın veli kullarının mübah işlerden zahir olanlarında insanlardan kendilerini ayırdedebilecek hiçbir özellikleri yoktur... Allah'ın velisinin hata yapmayan, yanlışlık yapmayan masum bir kişi olması şartı da yoktur. Aksine bu kimsenin şeriatın bazı bilgilerini bilememesi mümkün olabildiği gibi, dinin bazı hususlarının içinden çıkamaması da mümkündür... İşte bundan dolayı Allah'ın veli kulunun yanlışlık yapması mümkün olabildiğine göre, insanların Allah'ın velisinin söylediği bütün sözlere inanması gerekmez ki bir peygamber olarak görülmesin... Bunun yerine onun bütün hallerini Muhammed *sallallahü aleyhi vesellem*'ın getirdiklerine arzedilmesi, sunulması gerekir. Onlara uygun düşeni kabul eder, onlara aykırı olanı kabul etmez. Şâyet uygun mudur, değil midir bilemeyecek olursak o takdirde bu durum hakkında da hüküm vermez.
İnsanlar bu hususta üç gruba ayrılmışlardır. İki uç nokta ile orta yol. Bunlardan kimisi bir kişinin Allah'ın velisi olduğuna inanacak olursa, kalbinin kendisine Rabbindendir diye sezdirdiği herbir hususta o kimseye büsbütün muvafakat eder ve bütün yaptıklarının doğru olduğunu kabul eder. Kimileri de şeriate uygun olmayan herhangi bir iş yaptığını ya da bir söz söylediğini görecek olursa, tamamıyla Allah'ın velisi olmanın sınırının dışına çıkartır. İsterse bu kimse hata eden bir müçtehid olsun.

---

[47] Mecmuu'l-Fetava, I, 156.

Ancak işlerin en hayırlıları onların orta yollu olanlarıdır. Bu da böyle bir kimseye masum (asla günah işlemez, hata etmez) nazarıyla da bakmayacak, hata eden bir müçtehid olduğu takdirde de günahkar görmeyecek, bütün söylediklerinde ona uymayacak, içtihad ile bir iş yaptığı takdirde onun kâfir ya da fasık olduğuna hüküm vermeyecek. Çünkü insanlar hakkında vacib olan da Allah'ın Rasûlü ile gönderdiği şeylere uymaktır.

Ümmetin selefi ve imamları Rasûlullah *sallallahü aleyhi vesellem* dışında herkesin sözlerinin bazısının anılacağını, bazısının da terkedilebileceğini ittifakla kabul etmişlerdir. İşte bu peygamberler ile diğerleri arasındaki farklardandır. Peygamberlere yüce Allah'tan aldıklarını haber verdikleri bütün hususlarda iman etmek gerektiği gibi, verdikleri bütün emirlerde de onlara itaat etmek gerekir. Evliyalar ise böyle değildir. Onlara verdikleri bütün emirlerde itaat vacib olmadığı gibi, haber verdikleri herşeye iman etmek de icab etmez. Aksine onların durumları ve haberleri kitab ve sünnete sunulur. Kitaba ve sünnete uygun düşenin kabul edilmesi gerekir. Kitab ve sünnete uymayan ise red olunur. Eğer bu söz ve halin sahibi Allah'ın evliyasından olmakla birlikte müçtehid birisi ise söylediklerinde mazur olur, içtihadı dolayısıyla da ecri vardır, fakat kitab ve sünnete muhalefet etmiş ise hata etmiş olur ve bu eğer elinden geldiği kadarıyla Allah'tan sakınmış ise bu hatası da bağışlanır...

Allah'ın velilerinin kitab ve sünnete sımsıkı sarılmaları gerekir. Onlar arasında kitab ve sünnet gözönünde bulundurulmaksızın kalbine doğan herşeye uymayı gerektirecek şekilde günahtan korunmuş (masum) bir kimsenin varlığı ne onlar arasında sözkonusu olabilir, ne de başkaları arasında. Bu da yüce Allah'ın gerçek dostlarının ittifak ile kabul ettikleri bir husustur. Bu hususta muhalefet eden kimse ise Allah'ın kendilerine uymayı emretmiş olduğu Allah dostlarından olamaz. Aksine böyle bir kimse ya kâfir birisidir, yahutta cahillikte aşırı giden birisidir... Çoğu insanlar bu hususta yanlışlık yapmakta, bir şahsın Allah'ın velisi olduğunu ve Allah'ın velisinin söylediği herşeyin kabul edilmesi gerektiğini zanneder, söylediği herşeyini kabul eder, yaptığı herşeyi kabul eder. Şâyet kitaba ve sünnete aykırı hareket ederse, onun bu halini de uygun görür. Allah'ın Rasûlü ile gönderdiklerine de muhalefet eder. Oysa Allah bütün insanlara Rasûlünün haber verdiği hususlarda tasdik edilmesini, verdiği emirlerde ona itaat edilmesini emretmiştir. Onu gerçek dostları ile düşmanlarının ayırıcı çizgisi cennet ehliyle cehennemliklerin, bahtiyar kimselerle bedbahtların arasındaki ayırıcı çizgi kılmıştır. Kim ona uyarsa, Allah'ın takva sahibi velilerinden, onun kurtuluşa eren askerlerinden ve salih kullarından olur. Kim de ona uymazsa Allah'ın hüsrana uğrayan ve günahkar düşmanlarındandır. Allah Rasûlüne muhalefet etmek ile böyle bir şahsa muvafakat etmek herşeyden önce kişiyi bid'ate ve sapıklığa sonunda da küfre ve münafıklığa kadar sürükler... Bu gibi kimselerin çoğunun böyle birisinin Allah'ın velisi olduğuna dair inanışlarındaki dayanak noktalarının ondan bazı hallerde birtakım keşiflerin sadır olmasını yahutta olağan üstü birtakım tasarruflarının varlığını gösterdiklerini görürsünüz... Halbuki bütün bu hususlar arasında bu işleri yapanın Allah'ın velisi olduğuna delalet eden hiçbir şey bulunmaz. Çünkü Allah'ın velileri ittifakla şunu kabul etmişlerdir ki bir kimse eğer havada dahi uçsa yahut suyun üzerinde yürüyecek olsa, Allah Rasûlüne tabi oluşuna, onun emir ve yasaklarına uygun hareket edilmesine bakılmadıkça bunlara aldanmamak gerekir. Allah dostlarının kerametleri bu hususlardan daha büyüktür. Bu olağanüstü hususları gösteren şahıs eğer Allah'ın velisi ise mesele yok, fakat bunları gösteren bir kimse bir Allah düşmanı da olabilir. Çünkü bu gibi olağanüstü haller birçok kâfir, müşrik, kitab ehli ve münafıklar tarafından da gösterilebilir. Bid'at ehli olan kimseler de, şeytanlar da böyle şeyleri gösterebilirler. Dolayısı ile bu hususlardan herhangi birisini ortaya koyan bir kimsenin Allah'ın velisi olduğu asla zannedilmemelidir. Aksine Allah'ın velileri kitab ve sünnetin delalet ettiği nitelikleriyle, fiilleriyle ve halleriyle bilinirler. Onlar iman ve Kur'ân nuru ile imanın gizli hakikatleri ile İslam şeriatının açık hakikatleri ile bilinirler... Ümmetin selefi, imamları ve sair Allah'ın veli kulları ittifakla şunu kabul etmişlerdir: Peygamberler kesinlikle peygamber olmayan velilerden daha üstündürler. Yüce Allah kendilerine nimet ihsan olunmuş bahtiyar kullarını dört mertebe olduklarını belirtmektedir. Yüce Allah şöyle buyurmaktadır:

"Kim Allah'a ve Rasûlüne itaat ederse, işte onlar Allah'ın kendilerine nimetler verdiği peygamberler, sıddıyklar, şehidler ve salihlerle birliktedirler. Onlar ne iyi arkadaştırlar." (en-Nisa, 4/69)

Bu gerçek velilerin Allah'ın takva sahibi velilerini kendileriyle taltif ettiği birtakım kerametleri vardır. Allah'ın velilerinin en hayırlılarının kerametleri ise ya dine dair bir delil ortaya koymak içindir, yahutta müslümanların ihtiyacı dolayısı ile olur. Tıpkı onların peygamberlerinin mucizelerinin bu maksatla ortaya çıkması gibi. Allah'ın velilerinin kerametleri de esasen Allah'ın Rasûlüne tabi olmanın bereketi ile ortaya çıkar. Dolayısıyla bu kerametler gerçekte Allah Rasûlünün mucizeleri kapsamı içerisindedir... Bilinmesi gereken hususlardan birisi de şudur: Kerametler bazan kişinin ihtiyacına göre ortaya çıkabilir. Eğer imanı zayıflığı dolayısıyla keramete ihtiyaç duyarsa yahutta buna ihtiyaç duyan bulunursa, imanını pekiştirecek ve ihtiyacını karşılayacak şekilde kerametler ona ihsan edilir. Bununla birlikte Allah'a velayet mertebesi ondan daha mükemmel derecede olan bir diğerinin ise buna ihtiyacı bulunmayabilir, bundan dolayı mertebesinin yüksekliği ve ona ihtiyacı olmadığından dolayı -yoksa velilik mertebesi eksik olduğundan ötürü değil- benzeri bir hali de olmayabilir. İşte bundan dolayı tabîin arasında bu gibi hususlar ashaba nisbetle daha fazla görülmüştür. İnsanları hidayete iletmek ve onları ihtiyaçları dolayısı ile olağanüstü birtakım haller gösteren insanların durumundan farklı idiler. İşte onlar derece itibariyle daha büyüktür. Olağanüstü haller hususunda insanlar üç kısımdır:

Kimileri peygamberlerin dışındaki şahısların bu gibi halleri göstermelerini yalanlarlar. Bazan icmali olarak bunları tasdik etmekle birlikte kendisince Allah'ın veli kullarından olmadığı için insanların çoğu hakkında kendisine anlatılanları yalanlayabilmektedirler.

Kimisi de birtür olağanüstü bir hale sahib olan herkesi Allah'ın velisi olduğunu zanneder. Halbuki her iki yaklaşım tarzı da yanlıştır... Bundan dolayı bu gibi kimselerin müşriklerin de, kitab ehlinin de müslümanlara karşı savaşlarında kendilerine yardımcı olan yardımcılar olduğunu ve bunların Allah'ın veli kullarından olduklarını söylediklerini görebiliriz. Bunlar bu gibi kimselerle birlikte olağanüstü hali bulunan kimselerin olacağını kabul etmezler.

Doğru olan ise üçüncü görüştür. O da şudur: "Onlarla birlikte Allah'ın dostlarından değil de kendi cinslerinden kendilerine yardım edecek kimseler bulunur..."

Yaptığımız bu kadar nakil Allah'ın izniyle yeterlidir. Daha geniş bilgi sahibi edinmek isteyen asıl kaynağa başvurabilir. Başarı Allah'tandır.

Altıncı Esas: Kur'ân ve Sünnetin Terkedilip, Değişik Hevâ ve Görüşlere Uymaya Dair Şüphe

Bu esas şeytanın ortaya koymuş olduğu Kur'ân ve sünnetin terkedilip, farklı ve değişik görüş ve hevalara tabi olmayı öngören şüphenin reddedilmesi ile alakalıdır. Sözkonusu şüphe şöyle ifade edilir: Kur'ân ve sünneti ancak mutlak müçtehid bilebilir. Mutlak müçtehid ise şu şu birtakım niteliklere sahib olan kimsedir. Belki bu niteliklerin tamamı Ebu Bekir'de de, Ömer'de de bulunmayabilir. Bir kimse bu halde olamayacağına göre o halde kesin ve kaçınılmaz bir fark olarak onlardan yüz çevirmek gerekir. Bunda da herhangi bir şüphe ve bir tereddüt sözkonusu olamaz. Buna göre Kur'ân ve sünnetten hidayeti bulmak isteyen bir kimse ya zındık birisidir, yahutta delidir. Çünkü bunları anlamak çok zordur.

Fesubhanallah! Allah'a hamdolsun ki yüce Allah hem şer'î olarak, hem kaberi olarak, hem filkatiyle, hem de emriyle bu lanetli şüpheyi o kadar değişik yönleriyle reddedip, çürütmüştür ki (bu şüphenin çürütülmüşlüğü) adeta genel ve kesin bilgiler seviyesine ulaşmıştır. Ancak insanların çoğu bilmezler.

"Andolsun ki onların çoğunun üzerine o söz (azab) hak olmuştur. Artık onlar imana gelmezler. Şüphe yok ki biz onların boyunlarına, çenelerine varan demir halkalar koyduk. O bakımdan başlarını kaldırmış haldedirler. Hem biz onların önlerinden bir set ve ardlarından da bir set çektik, gözlerini de perdeledik artık onlar görmezler. Onları uyarsan da, uyarmasan da onlar için birdir, artık onlar inanmazlar. Sen ancak zikre (öğüt dolu Kur'ân'a) uyan ve gayb ile (kimsenin görmediği hallerde) Rahmandan kalbinden saygı duyarak korkan kimseleri uyarırsın, işte böylesini bir mağfiret ve kerim bir ecirle müjdele." (Yasin, 36/7-11)

Sözlerimizin sonu alemlerin Rabbi Allah'a hamd olsun, efendimiz Muhammed'e onun aile halkına ve ashabına kıyamet gününe kadar pek çok salat ve selam olsun demek olsun.

İçtihad sözlükte zor bir işi gerçekleştirmek için olanca gayreti ortaya koymak demektir.

Terim olarak: Şer'î bir hükmü öğrenebilmek için olanca gayreti harcamaktır.

İçtihadın birtakım şartları vardır. Bazıları şunlardır:

1- İçtihadında kendisine gerek duyacağı ahkam âyetleri ve ahkam hadisleri gibi şer'î delilleri bilmesi.

2- İsnadı, isnaddaki ravileri ve buna benzer hususlar gibi hadisin sıhhati ve zayıflığı ile ilgili hususları bilmesi.

3- Mensuh olan delil ile hüküm vermemek yahutta icmaa muhalefet etmemek için. Nasihi ve mensuhu ve icma yapılmış hususları bilmesi.

4- Bu hususlarda muhalif hüküm vermemek için hükmün farklı olmasını gerektiren delillerdeki tahsis, takyid ya da buna benzer hususları bilmesi.

5- Amm, has, mutlak, mukayyed, mücmel, mübeyyen ve buna benzer delaletler gereğince hüküm verebilmesi için delaletler ile ilgili dil ve fıkıh usulü bilgilerine sahib olması.

6- Hükümleri, delillerinden çıkartabilecek imkanı kendisine veren bir güç ve kudrete sahib olmak.

İçtihad kısımlara bölünebilir. İlim bahislerinin herhangi birisinde yahutta herhangi bir meselede içtihad bulunabilir. Önemli olan müçtehidin hakkı bilmek yolunda bütün gücünü ortaya koymakla yükümlü olmasıdır. Sonra da kendisince kuvvetli gördüğüne göre hüküm verir. Şayet isabet ederse iki ecri vardır: İçtihad ettiği için bir ecir, hakka isabeti dolayısıyla bir ecir. Çünkü hakka isabet etmesi hakkı güçlendirmesi ve hak gereğince amel etmesi sözkonusudur. Şayet hata ederse bir ecri vardır. Hatası da bağışlanır, çünkü Peygamber *sallallahü aleyhi vesellem* şöyle buyurmuştur:

"Hakim içtihad edip, hüküm verir de sonra hakka isabet ederse onun iki ecri vardır. Eğer içtihad edip, hüküm verdikten sonra hata ederse onun için bir ecir vardır."

Eğer hükmün hangisi olduğu onun için açığa çıkmayacak olursa, bu durumda hüküm vermekten kaçınması icab eder ve o vakit zaruret dolayısıyla ve yüce Allah'ın: *"Eğer bilmiyor iseniz, zikir ehline sorunuz."* buyruğu dolayısıyla taklid etmesi caiz olur. Bundan dolayı Şeyhu'l-İslam İbn Teymiyye şöyle demiştir: "Taklid leş eti yemek gibidir. Eğer bizatihi kişi kendisi delili ortaya koyabilecekse onun için taklid helal olmaz." Merhum İbnu'l-Kayyum da en-Nuniye diye bilinen kasidesinde şöyle demektedir: "İlim hidayeti delil ile bilmektir. Elbetteki bu ve taklid eşit olamazlar."

Taklid iki yerde sözkonusu olur:

1- Mukallid eğer bizatihi hükmü bilemeyen avamdan birisi olursa, onun için taklid farz olur. Bunun gerekçesi de yüce Allah'ın:*"Eğer bilmiyor iseniz, zikir ehline sorunuz."* buyruğudur. Bu durumda olan bir kimse alim ve takvalı bulduğu en faziletli kimseyi taklid eder. Eğer ona göre iki kişi birbirine eşit ise ikisi arasından birisini tercih eder.

2- Müçtehid bir olay ile karşı karşıya kalır ve derhal onun hakkında hüküm vermesi gerekmekle birlikte meseleyi tetkik etmek imkanını bulamayacak olursa, o vakit onun için taklid etmek caizdir.

Taklid de genel ve özel olmak üzere iki türlüdür:

Genel taklid bir kimsenin muayyen bir mezhebe bağlı kalarak dini ile ilgili bütün hususlarda o mezhebin ruhsatlarını ve azimetlerini alıp amel etmesidir. Bu hususta ilim adamlarının farklı görüşleri vardır.

Kimisi müteahhirler arasında içtihadın imkansızlığı sebebiyle vacib olduğunu nakletmiştir.

Kimisi de Peygamber *sallallahü aleyhi vesellem*'den başkaları hakkında mutlak bir bağlılık ihtiva ettiğinden dolayı haram olduğunu nakletmiştir. Şeyhu'l-İslam İbn Teymiyye de şöyle demektedir: "Peygamber *sallallahü aleyhi vesellem*'ın dışındakiler hakkında vermiş olduğu bütün emir ve yasaklarında itaat etme gereğini söylemek elbetteki icmaa aykırıdır. Bunun caiz olduğunu söylemek ise pek o kadar mümkün bir şey değildir."

Özel taklid ise belirli bir meselede, belirli bir kimsenin görüşünü alıp, kabul etmektir. Bir kimse eğer içtihad ile hakkı bilmekten yana aciz kalacak olursa caizdir. Onun bu acizliğinin gerçek bir acizlik olması ile pek büyük meşakkat ile birlikte bu işe güç yetirebilmesi anlamındaki bir acizlik olması arasında bir fark yoktur.

Burada altı esas risalesi sona ermektedir. Yüce Allah'tan müellifine en güzel şekilde mükafat vermesini, bizi de onunla birlikte lutuf ve ihsan yurdunda biraraya getirmesini dileriz. Şüphesiz ki O pek cömert, lutuf ve keremi pek bol olandır.

Alemlerin Rabbi olan Allah'a hamdolsun, Peygamberimiz Muhammed'e salat ve selam olsun.